# CÓMO LIDIAR CON PERSONAS DIFÍCILES

*Una Guía Esencial de Estrategias Sencillas para Lidiar con Personas Difíciles en el Trabajo y en la Vida en General*

JOHN MUNFORD

## Copyright 2022 - Todos los derechos reservados.

El contenido de este libro no puede ser reproducido, duplicado o transmitido sin el permiso directo y por escrito del autor o del editor.

Bajo ninguna circunstancia se podrá culpar o responsabilizar legalmente al editor, o al autor, por cualquier daño, reparación o pérdida monetaria debida a la información contenida en este libro, ya sea directa o indirectamente.

### Aviso Legal:

Este libro está protegido por derechos de autor. Es sólo para uso personal. No se puede modificar, distribuir, vender, utilizar, citar o parafrasear ninguna parte, ni el contenido de este libro, sin el consentimiento del autor o del editor.

### Aviso de Exención de Responsabilidad:

Por favor, tenga en cuenta que la información contenida en este documento es sólo para fines educativos y de entretenimiento. Se ha hecho todo lo posible por presentar una información precisa, actualizada, fiable y completa. No se declaran ni se implican garantías de ningún tipo. Los lectores reconocen que el autor no se dedica a prestar asesoramiento legal, financiero, médico o profesional. El contenido de este libro procede de diversas fuentes. Por favor, consulte a un profesional con licencia antes de intentar cualquier técnica descrita en este libro.

Al leer este documento, el lector acepta que, bajo ninguna circunstancia, el autor es responsable de cualquier pérdida, directa o indirecta, en la que se incurra como resultado del uso de la información contenida en este documento, incluyendo, pero sin limitarse a, errores, omisiones o inexactitudes.

# Índice de Contenidos

**Introducción** .................................................................................... 1

**Capítulo 1: Tipos de Personas Difíciles** ......................................... 4

    Narcisistas ............................................................................................ 6

    Características de un Narcisista .......................................................... 7

    Cómo Identificar una Personalidad Narcisista ................................. 9

    Gaslighters ......................................................................................... 10

    Características de los Gaslighters ..................................................... 11

    Cómo Identificar el Comportamiento de Gaslighting .................... 12

    Personas Tóxicas ................................................................................ 13

    Características de las Personas Tóxicas ............................................ 14

    Cómo Identificar a las Persona Tóxica ............................................ 17

    Personas Agresivas ........................................................................... 18

    Características de las Personas Agresivas ....................................... 18

    Cómo Identificar a las Personas Agresivas ..................................... 19

    Vampiros de Energía ........................................................................ 20

    Características de un Vampiro de Energía ...................................... 20

    Cómo Identificar a los Vampiros de Energía ................................. 22

    Manipuladores .................................................................................. 22

    Características de los Manipuladores .............................................. 22

    Cómo Identificar a un Manipulador ............................................... 24

**Capítulo 2: Cómo Lidiar con Gaslighters .................................. 25**
    Gaslighting en el Trabajo ............................................................ 25
    Ejemplos de Gaslighting en el Trabajo ..................................... 29
    Qué Hacer ...................................................................................... 32
    Gaslighting en la Vida ................................................................. 34
    Señales de Que Estás Lidiando con un Gaslighter ................... 35
    Señales de Que Eres una Víctima de Gaslighting .................... 35
    Frases Comunes que Puedes Escuchar ..................................... 36
    Su Comportamiento Puede Cambiar ........................................ 37
    Qué Hacer ...................................................................................... 38

**Capítulo 3: Como Lidiar con la Toxicidad .................................. 41**
    Cómo Lidiar con la Toxicidad en el Lugar de Trabajo ............ 41

**Capítulo 4: Cómo Lidiar con los Narcisistas .............................. 55**
    Narcisistas en el Trabajo ............................................................. 55
    Señales de un Jefe o Compañero de Trabajo Narcisista .......... 55
    Qué Hacer ...................................................................................... 59
    Señales de un Cliente Narcisista ................................................ 63
    Qué Hacer ...................................................................................... 64
    Los Narcisistas en la Vida ........................................................... 67
    Los Principales Rasgos de un Narcisista .................................. 67
    Qué Hacer ...................................................................................... 69

**Capítulo 5: Como Lidiar con los Vampiros de Energía ............. 72**
    Cómo Lidiar con los Vampiros de Energía en el Trabajo ........ 73
    Cuando Tu Jefe Es Un Vampiro De Energía ............................. 77
    Cómo Lidiar con los Clientes Vampiros de Energía ................ 78
    Cómo Lidiar con los Vampiros de Energía en Tu Vida Personal 79

Cómo Establecer Límites Saludables ........................................ 83

## Capítulo 6: Como Lidiar con los Manipuladores ........................ 86
Cómo Lidiar con los Manipuladores en el Trabajo ................ 87
Cuando Tu Jefe Es Manipulador ............................................ 92
Cuando un Cliente es Manipulador ........................................ 93
Cómo Lidiar con los Manipuladores en Tu Vida Personal ........ 94
Cómo Establecer Límites Saludables ........................................ 97

## Capítulo 7: Como Lidiar con Personas Agresivas ..................... 100
Agresión en el Lugar de Trabajo ............................................ 100
Como Lidiar con Clientes Agresivos ........................................ 101
Como Lidiar con Compañeros de Trabajo Agresivos ............. 104
Como Lidiar con un Jefe Agresivo .......................................... 107
Entender Por Qué Tu Jefe Es Tan Agresivo ............................ 107
Como Lidiar con la Agresividad en la Vida ............................. 110

## Capítulo 8: Intentar Cambiar a las Personas Difíciles ................ 115
Cómo Ayudar a una Persona Difícil a Darse Cuenta de que Hay un Problema ........................................................ 116
Cómo Impulsar el Cambio en una Persona Difícil .................. 117
Las 4 C del Cambio ................................................................ 121
Como Entender el Cambio ..................................................... 121
Elaborar un Plan para el Cambio ............................................ 123
Como Implementar el Cambio ............................................... 124
Como Comunicar el Cambio .................................................. 124
Cómo Actúa Cada Personalidad Durante El Cambio ............. 125

## Capítulo 9: Manejo de Conflictos ............................................. 129
¿Qué Es El Conflicto? ............................................................. 129

Conflicto vs. Competencia ....................................................... 131
Por Qué Un Conflicto Sano Es Beneficioso ............................ 131
Cómo Gestionar los Conflictos ................................................ 133
Conflictos y Personas Difíciles ................................................. 137
Cómo Saber Si Está En Conflicto Con Una Persona Difícil ...... 138
Gestionar el Conflicto con una Persona Difícil ....................... 140

**Conclusión** .................................................................. **143**

**Referencias** ................................................................. **146**

# Introducción

Todos hemos tenido que lidiar con el comportamiento perturbador de otras personas en nuestras vidas. Ya sea un cliente exigente, un amigo que miente constantemente o un compañero de trabajo que no para de quejarse, estas cosas aumentan el estrés de un estilo de vida ya de por sí agitado. Dicho esto, haciendo honor a su nombre, las personas difíciles son difíciles de manejar incluso si estás extremadamente tranquilo antes de que se acerquen a ti. Sin embargo, siempre hay una razón para su comportamiento, y este libro te ayudará a revelarla. Asimismo, entender por qué actúan como lo hacen también puede ayudarle a responder a otra pregunta. Aprenderá por qué es tan difícil tratar con ellos. Al fin y al cabo, personas con diferentes orígenes socioeconómicos, creencias culturales y herramientas cognitivas pueden llevarse bien la mayor parte del tiempo. Entonces, ¿por qué no puedes hacer lo mismo con las personas difíciles?

Una de las razones por las que puede ser tan difícil manejar a las personas difíciles es la falta de una definición clara de lo que realmente significa este término. Por ello, no existe una clasificación unificada de los rasgos. El número de personalidades difíciles varía en función de la definición. En aras de la simplicidad, las encontrarás clasificadas en seis categorías universales. Se trata de los gaslighters, las personas tóxicas, los narcisistas, los vampiros de energía, los manipuladores y las personas agresivas. Este libro explica cómo se define generalmente cada tipo, sus características y cómo identificarlo.

Una vez que estés equipado con este conocimiento, será más fácil explorar más a fondo cada tipo y aprender la manera apropiada de manejar tus relaciones. Esto nos lleva a la segunda razón crítica de las dificultades que conlleva el manejo de los comportamientos perturbadores e irracionales: tu reacción ante ellos. La gente suele estar condicionada a ser compasiva y respetuosa, especialmente con las personas que representan la autoridad, con un miembro estimado de una comunidad o con un amigo o familiar cercano. Aunque ninguno de estos comportamientos es intrínsecamente incorrecto, lo único que hacen es dar poder a una persona difícil, y esto lo verás repetidamente a lo largo de este libro.

Otro problema que encontrarás a menudo es la falta de límites y cómo esto lleva a permitir que una persona difícil entre en tu vida. Esto tiene sentido porque si no les dices que no vas a tolerar su comportamiento, no tendrán ninguna inclinación a parar. Establecer límites es el primer paso para controlar las personalidades difíciles. El segundo es mantenerse firme mientras se aborda el conflicto que surge cuando alguien ha sobrepasado sus límites. Esto suele ser inevitable, ya que manejarlos será un proceso de aprendizaje para ti y para las personas difíciles con las que vas a tratar.

Ten en cuenta que una persona puede expresar los rasgos de varios tipos diferentes de personalidades difíciles, lo que hace que el proceso de tratarlas sea aún más difícil. Como nota positiva, darse cuenta de que no estás dispuesto a aguantar su actitud puede hacer que cambie. Puedes ayudar a ello, y hacerlo podría ser incluso beneficioso para reparar sus relaciones, siempre que sea algo que quieras o puedas hacer, tanto si optas por esta vía como si dejas de tener contacto con la persona. Este libro te dará todas las herramientas que necesitas para sortear las relaciones perturbadoras en tu vida.

# Capítulo 1

## Tipos de Personas Difíciles

Muchas personas asumen erróneamente que los demás tienen la misma intención que ellos. Sin embargo, las personas son diferentes, y a menudo te encontrarás con algunas que no tienen tu mejor interés en el corazón. Suelen ser personas inseguras y egoístas que disfrutan destrozando a los demás para ejercer su control sobre ellos o sentirse superiores. Las personas difíciles no suelen sentir ninguna preocupación, empatía o compasión por los demás. En otras palabras, son individuos insensibles y despreocupados. Tienen un ego enorme que les hace creer y actuar como si fueran mejores que los demás. Se puede decir que alguien es difícil incluso antes de interactuar con él. Suelen parecer inaccesibles, y te encontrarás pensando dos veces antes de ir a saludarles.

Las personas difíciles no son individuos agradables y no tratan a la gente con respeto. Pueden ser hostiles, groseros y traspasar los límites de los demás sin importarles nada. Como estas personas no son bienintencionadas, tienden a creer que los demás son como ellas, por lo que son desconfiadas y recelosas de los demás. Después de interactuar con estos individuos, te encontrarás desconcertado por sus acciones y te preguntarás si estas personas son normales.

Estos individuos tienen ciertas características emocionales y rasgos de personalidad que los hacen "difíciles". Como resultado, la comunicación o las simples interacciones con estas personas pueden ser frustrantes y a menudo agotadoras. Las interacciones constantes con personas difíciles pueden afectar negativamente a su salud mental. Evitarlas puede parecer la opción más saludable. Sin embargo, no es una opción irreal. Las personas difíciles están por todas partes a tu alrededor. Pueden ser miembros de tu familia, amigos, compañeros de trabajo, jefes o clientes. Es imposible pasar un día sin interactuar con al menos una persona difícil.

Hay diferentes tipos de personas difíciles, muchas de las cuales tienen rasgos de personalidad tóxicos y manipuladores. Algunos son conscientes de lo que hacen y de cómo sus acciones afectan a los que les rodean, mientras que otros son inconscientes. En cualquier caso, encontrar las estrategias adecuadas para lidiar con ellos te hará la vida mucho más fácil. Cada tipo tiene rasgos que debes conocer para encontrar las estrategias adecuadas para tratar con ellos.

Los tipos de personas difíciles incluyen:

- Narcissists
- Gaslighters
- Toxic people
- Aggressive people

- Energy vampires
- Narcisistas
- Gaslighters
- Personas tóxicas
- Personas agresivas
- Vampiros de energía
- Manipuladores

Aunque estas personas se dividen en varias categorías, las interacciones con cualquiera de ellas pueden perjudicar tu salud mental. En este capítulo se tratarán estos seis tipos de personalidad, sus principales características y cómo identificarlos.

**Narcisistas**

El origen del narcisismo se remonta a la mitología griega. El término deriva del mito de Narciso del poeta romano Ovidio. Narciso era un joven conocido por su exquisita belleza. Tanto los hombres como las mujeres estaban enamorados de él. Un día, Narciso estaba bebiendo agua en el lago y vio su reflejo. No pudo evitar enamorarse de él, y se quedó junto al lago, incapaz de marcharse. Finalmente se marchitó y murió allí.

Todo el mundo es un poco narcisista. Esto no es necesariamente algo malo. Está más que bien ser un poco egocéntrico siempre que no perjudiques a nadie más ni dejes que afecte a las personas de tu vida. Este rasgo de la personalidad te empuja a ser ambicioso, resistente y seguro de ti mismo. Dicho esto, el narcisismo se sitúa en un espectro, por lo que no todo el mundo tiene el mismo nivel. El narcisismo extremo no es un rasgo saludable. Es un trastorno de la personalidad. El trastorno narcisista de la personalidad, o TNP, está reconocido como una enfermedad mental. Mientras que los rasgos narcisistas implican que una persona sea egocéntrica con moderación y en ocasiones, el TNP es una historia diferente. Las personas que lo padecen no sólo son egocéntricas; también carecen de empatía y poseen un sentido grandioso de sí mismas. Suelen tener relaciones superficiales en lugar de profundas y significativas.

## Características de un Narcisista

### *Falta de Empatía*

Los narcisistas son las últimas personas del mundo en comprender cómo se siente otra persona. No pueden ponerse en el lugar de otra persona. Estos individuos no tienen ninguna profundidad emocional y no se preocupan por las necesidades emocionales de nadie, ni siquiera de sus familiares o amigos. Es esencial señalar que los narcisistas no eligen preocuparse; simplemente carecen de la conciencia emocional que les permite hacerlo.

### *Sentido Grandioso de Sí Mismo*

Los narcisistas tienen un ego muy frágil y son extremadamente inseguros de sí mismos. Lo compensan creando una imagen grandiosa de sí mismos. Actúan como si fueran mejores y superiores a todos los demás, por lo que creen que siempre deben recibir un trato especial. Suelen ser los individuos que gritan "¿Dónde está su encargado?" en un restaurante o en una tienda. Se engañan a sí mismos creyendo que son más bellos, brillantes y exitosos que los demás. Los narcisistas creen que pueden lograr todo lo que desean, incluso cuando no tienen las habilidades o destrezas necesarias.

### *Deseo de Ser Admirado*

Aunque es normal desear ser admirado, la necesidad de admiración del narcisista es excesiva. Sienten que deben ser el centro de atención en todo momento, lo que les lleva a monopolizar las conversaciones y a presumir constantemente de sí mismos para recibir cumplidos y admiración de los demás.

### *Vacío*

Los narcisistas suelen sentirse inquietos, aburridos, vacíos e incluso deprimidos si no reciben una dosis constante de admiración y atención.

### *Envidia*

Aunque los narcisistas crean una persona falsa y poderosa para engañar a los demás, sienten envidia del éxito de los demás. Siempre anhelan tener lo que los demás tienen. Para proteger su imagen grandiosa, fingen que los demás les envidian.

*Con Derecho a Ello*

Los narcisistas creen que se merecen lo mejor de todo sin tener que trabajar para ello. No tienen que pedir lo que creen merecer en voz alta; sus acciones reflejan su alto **sentido de derecho.**

*Arrogancia*

Los narcisistas son individuos extremadamente arrogantes. No respetan los derechos, las posiciones o los límites de los demás. Sin embargo, esperan que todos los demás se dobleguen ante ellos.

*Manipulación*

Los narcisistas no tratan a los demás como seres humanos con sentimientos, sino como herramientas que sólo sirven para satisfacer sus necesidades. Son individuos egoístas que no sienten culpa al pasar por encima de los demás mientras puedan conseguir lo que buscan.

**Cómo Identificar una Personalidad Narcisista**
- Hablan con desprecio a la gente
- Tienen dificultades para mantener relaciones estrechas y genuinas
- Son santurrones y vanidosos

- Son egocéntricos
- Carecen de empatía
- Incapacidad para manejar las críticas
- Impulsos agresivos
- Necesitan la aprobación de los demás
- Se preocupan por lo superficial, como la apariencia y la riqueza
- Tienen una baja autoestima, pero se esconden detrás de un alto sentido de sí mismos
- No aceptan las imperfecciones de los demás
- Anulan la intimidad

## Gaslighters

El término gaslighting procede de la película "Gaslight", que trataba de un hombre que quería volver loca a su mujer encendiendo luces de gas en su ático, de modo que las luces parpadeaban en su casa. Cuando la mujer le contaba a su marido lo de las luces parpadeantes, él le decía que veía cosas. Quería distorsionar su realidad para hacerla cuestionar su percepción y su juicio y hacerla creer que estaba perdiendo la cabeza. El término gaslighting se refiere a una táctica de manipulación cuando alguien crea una narrativa falsa para engañar a otro y hacerle dudar y cuestionar su realidad. Este comportamiento puede dañar la salud mental de la víctima, reducir su autoestima y hacerla completamente dependiente y bajo el control del gaslighter. Las interacciones con los gaslighters a menudo pueden dejarle confundido, cuestionando lo que es real y lo que no lo es y preguntándose si algo está mal en ti.

## Características de los Gaslighters

### *Manipulación*

El principal objetivo de los gaslighters es ejercer el control sobre los demás utilizando tácticas de manipulación. Distorsionan la realidad de otras personas para confundirlas y hacer que pierdan la confianza. Estos individuos quieren microgestionar a las personas en sus vidas para controlarlas. No respetan los límites de los demás, ya que interfieren en cómo debe comportarse, pensar o sentir alguien. Los gaseadores pueden ser agresivos y hostiles cuando alguien no sigue sus indicaciones.

### *Mentiras*

Para que los gaslighters manipulen y distorsionen la verdad, deben mentir para crear su propia narrativa falsa. Critican, intimidan y acusan falsamente a los demás para sentirse superiores y hacer que los demás se sientan inferiores. Un "gaslighter" arruinaría la reputación de alguien utilizando mentiras si eso le permitiera controlar y dominar a los demás.

### *Falta de Respeto a los Límites*

Los gaslighters no respetan los límites de los demás y a menudo los ponen a prueba para ver qué pueden hacer. Humillan, intimidan y avergüenzan a los demás debido a su enorme ego y a su sentido del derecho.

*Incapacidad para Manejar las Críticas*

Aunque estas personas quieren hacerte creer que son seguras de sí mismas y que lo tienen todo controlado, la realidad es completamente diferente. Los gaslighters tienen la piel muy fina y no pueden soportar que alguien critique su espantoso comportamiento. Cuando te enfrentas a su comportamiento, te intimidan o te oprimen lanzándote falsas acusaciones.

*Coacción*

Los gaslighters sólo pueden sentirse poderosos rebajando a los demás y haciéndoles sentir inseguros. En lugar de asumir la responsabilidad de sus acciones, los gaslighters dan la vuelta a la tortilla y te hacen sentir culpable por algo que no es tu culpa. Además, les encanta el drama y tienen fuertes cambios de humor.

*Proyección*

Al igual que los narcisistas, los gaslighters también crean una imagen falsa y grandiosa de sí mismos. Quieren parecer individuos impresionantes, poderosos y dominantes. Se elevan a sí mismos derribando a la gente. Obtienen placer intimidando y atacando a quienes perciben como más débiles que ellos.

**Cómo Identificar el Comportamiento de Gaslighting**

- Niegan la verdad incluso cuando les proporcionas prueba
- Aislar a sus víctimas de su círculo de confianza
- Difundir rumores sobre ti a los demás para hacerte parecer inestable o loco

- Invalidar los sentimientos de otras personas
- Retorcer la historia para evitar la culpa
- Distorsionar su realidad
- Desviar la atención cuando te enfrentas a ellos por su comportamiento negativo
- Sus palabras no coinciden con sus acciones
- Te acusan de exagerar cada vez que les dices que su comportamiento te perjudica

**Personas Tóxicas**

La palabra tóxico suele referirse a algo venenoso que puede causar daño. Hay personas cuyo comportamiento es tan perjudicial para tu salud mental y emocional que su conducta se describe como tóxica. Estos individuos suelen tener intenciones maliciosas y pueden ser muy controladores, egocéntricos, manipuladores y necesitados. Al igual que otras personas difíciles mencionadas anteriormente, las personas tóxicas a menudo sufren de baja autoestima, TNP, traumas infantiles u otros problemas de salud mental. Estos individuos no tienen ningún problema en pasar por encima de los demás para conseguir sus objetivos y a menudo hacen que la gente se sienta herida y confundida.

## Características de las Personas Tóxicas

### *Sentido Inflado de Sí Mismo*

Las personas tóxicas se creen mejores que los demás y suelen actuar como tales. Tienen un ego enorme y disfrutan siendo el centro de atención. Estos individuos quieren ser adorados por todas las personas de su vida.

### *Manipulador*

Es seguro decir que la mayoría de las personas difíciles tienen rasgos manipuladores. No tienen buenas intenciones y suele haber malicia detrás de todo lo que hacen o dicen. Las personas tóxicas no se preocupan por ti ni por tus necesidades; sólo se preocupan por lo que puedes hacer por ellas y por lo que pueden obtener de ti. Utilizarán a las personas sin ningún tipo de culpa o vergüenza para conseguir sus objetivos.

### *Irrespetuoso*

Las personas tóxicas son groseras, irrespetuosas y poco amables. Cualquier interacción con ellos te dejará molesto o herido.

### *Sólo Reciben*

Estos individuos son extremadamente egoístas, y sólo toman y nunca dan. No te sorprendas si una persona tóxica hace que tu boda o tu cumpleaños giren en torno a ella. Incluso puede pedirte que te ocupes de sus necesidades mientras te preparas para la boda o estás enferma en el hospital. Son así de desconsiderados.

### *Falta de Empatía*

Los niños creen que son el centro del universo y que todo gira a su alrededor. Algunas personas nunca crecen y nunca se dan cuenta de que otras personas tienen sentimientos y necesidades. Las personas tóxicas consideran a los menos afortunados que ellos como vagos o estúpidos y no pueden ver las cosas desde la perspectiva de los demás.

### *Disculpas Poco Sinceras*

Las personas tóxicas nunca admitirán su culpa, así que no esperes una disculpa por su parte. De hecho, pueden equivocarse y manipularte para que te disculpes.

*Chismes*

Las personas tóxicas nunca guardarán tus secretos ni los de los demás. Disfrutan chismorreando y compartiendo historias sobre los demás.

*Son Malos Escuchadores*

Como las personas tóxicas sólo se preocupan por sí mismas, no te prestan atención ni les interesa lo que tienes que decir. Si te desahogas con ellos sobre tu día, no te escucharán y te interrumpirán para poder hablar de ellos mismos.

*Víctimas*

En su mente, las personas tóxicas son individuos perfectos que no tienen ningún defecto ni cometen errores. Pueden causar estragos en la vida de otras personas, ya sean familiares, amigos o compañeros de trabajo. Por ello, no ven nada malo en sus acciones. Siempre son la víctima en cada historia. La culpa siempre es de los demás, nunca de ellos.

*Abusan de Su Poder*

Ya sea el jefe que te hace trabajar horas extra sin ningún incentivo o el familiar que se sale con la suya porque es asquerosamente rico, las personas tóxicas suelen abusar de su poder. Esto puede llegar hasta los incidentes de acoso sexual que suelen producirse en el lugar de trabajo.

### Cómo Identificar a las Persona Tóxica

- A menudo te sientes mal después de pasar tiempo con ellos
- Sólo hablan de sí mismos
- Te acusan de exagerar cuando tienes todo el derecho a sentirte como lo haces
- Te agotan la energía y aumentan tus niveles de ansiedad
- Te hacen sentir que tienes que andar con pies de plomo a su alrededor
- Siempre sales de una conversación con ellos sintiéndote peor
- Son necesitados, pero nunca están ahí para ti cuando los necesitas
- El drama parece seguirles allá donde van
- Suelen juzgar a los demás

## Personas Agresivas

Las personas agresivas son individuos que dañan a otras personas o animales o causan daños a las propiedades. Los encontrarás actuando de forma violenta y hiriendo los sentimientos de otras personas al gritarles o utilizar un lenguaje duro. En algunos casos, su comportamiento puede ser extremo y peligroso. Pueden rajar tus neumáticos o romper tu teléfono si tienes una discusión o un desacuerdo con ellos. A las personas agresivas no les importa violar los límites de los demás. Esto puede acarrear graves consecuencias, como problemas legales o problemas que afecten a su vida personal y profesional.

## Características de las Personas Agresivas

### *Comportamiento de Control*

En las relaciones, las personas agresivas pueden ser muy celosas y extremadamente controladoras,

### *Comportamiento Impulsivo*

Las personas agresivas pueden ser muy impulsivas, lo que a menudo se manifiesta en las rabietas que hacen o en las decisiones impulsivas que toman. Son los que van de compras y agotan su tarjeta de crédito y se endeudan. Todo lo que hacen, ya sea grande o pequeño, es impulsivo.

### *Les Cuesta Debatir*

Las personas agresivas son incapaces de mantener debates o simples discusiones. Cuando alguien no está de acuerdo o no puede ver las cosas desde su perspectiva, no manejarán la situación con calma ni mantendrán una conversación racional. Las personas agresivas se ponen irritables, frustradas y enfadadas, lo que les impide exponer su punto de vista o escuchar lo que dicen los demás.

*Disculpas Falsas*

Como resultado de su agresividad, estos individuos suelen tener que disculparse mucho. Una disculpa real y poco sincera suele requerir que la persona cambie su forma de actuar, lo cual es imposible para la persona agresiva. Sus disculpas son a menudo falsas, lo que se nota fácilmente por su tono de voz y su lenguaje corporal.

*Pierden Amigos*

Las personas agresivas suelen perder amigos con facilidad debido a su comportamiento agresivo y a sus cambios de humor. Cuando se trata de los amigos que aún tienen, no invierten mucho tiempo ni esfuerzo en ellos.

*No Soportan las Bromas*

Las personas agresivas pueden considerar ofensivas las bromas y los chistes entre amigos. Pueden ponerse a la defensiva e incluso arremeter contra los demás.

## Cómo Identificar a las Personas Agresivas

- Son vulnerables a las sustancias adictivas
- Son rencorosos
- Suelen gritar, maldecir e insultar a los demás

- Enfrentan a los amigos entre sí
- Su agresividad puede volverse física, como dar puñetazos, golpes o patadas a algo o a alguien
- Pueden ser vengativos
- Sus emociones están fuera de control

**Vampiros de Energía**

En lugar de ser criaturas de la noche que chupan sangre, los vampiros energéticos son personas normales que chupan la energía de los demás. Se aprovechan de tu paciencia, amabilidad y compasión y te obligan a escuchar sus problemas o a preocuparte por ellos. Sin embargo, no te sentirás bien después como sueles sentirte después de estar al lado de un amigo. Estas personas te dejarán agotado y exhausto. Suelen ir detrás de tipos de personalidad específicos, como los empáticos o las personas muy sensibles. A diferencia de otras personas difíciles, algunos vampiros energéticos pueden no ser conscientes de cómo su comportamiento perjudica a los demás y pueden cambiar su forma de actuar si simplemente se les habla de ello.

**Características de un Vampiro de Energía**

*Negativo*

Los vampiros de energía no utilizan los colmillos para chupar la positividad. Suelen optar por un comportamiento tóxico, por acciones abusivas o por criticar a los demás para matar el ánimo.

*Manipulador*

Los vampiros energéticos utilizan tácticas manipuladoras para que pases más tiempo con ellos y suelen hacerte sentir culpable cuando les dices que estás ocupado o que tienes algo que hacer.

*Necesitados*

Estas personas necesitan constantemente que los demás les tranquilicen, les hagan cumplidos y les validen, lo que puede resultar frustrante.

*Matones*

Los vampiros energéticos son individuos inseguros que a menudo se sienten bien con ellos mismos cuando intimidan a los demás y los hacen sentir inferiores.

## Cómo Identificar a los Vampiros de Energía

- El drama les sigue allá donde van
- No asumen sus responsabilidades ni sus errores
- Tienen que ser el centro de atención, por lo que nunca celebran tus éxitos y te hacen sentir que siguen siendo mejores que tú
- Dominan todas las discusiones

## Manipuladores

Los manipuladores utilizan tácticas específicas para ejercer influencia y poder sobre los demás. Sus acciones pueden ser muy perjudiciales para su salud emocional y mental. Con el tiempo, el manipulador se vuelve más poderoso que sus víctimas, creando un desequilibrio en su relación. Las constantes interacciones con los manipuladores suelen dejarle aislado, confundido y, en algunos casos graves, deprimido.

## Características de los Manipuladores

### *Violación de Límites*

Los manipuladores no respetan los límites de los demás. Quieren controlar a los demás, por lo que no dejan de poner a prueba los límites de los demás y de presionarlos para conseguir lo que quieren. Fingen tener buenas intenciones, por lo que haces excepciones con ellos. Los manipuladores se ganan tu confianza para poder traspasar todos tus límites y hacerte sentir que no es necesario establecer límites con ellos.

*Trato de Culpabilidad*

A los manipuladores les gusta hacer que las personas de su vida se sientan culpables, lo que les facilita controlar a sus víctimas. Incluso si te resistes, utilizarán la manipulación emocional, la luz de gas o se harán las víctimas para conseguir lo que quieren.

*No Asume la Responsabilidad de sus Acciones*

No te molestes en confrontar a un manipulador con su comportamiento. Utilizarán diferentes estrategias, como el gaslighting o dar la vuelta a la mesa para hacerte creer que tú eres el problema. Consideran que es una victoria si te cuestionas a ti mismo o aceptas que es un error de otra persona.

*Agresión*

Los manipuladores no dejan de utilizar la intimidación o la agresión para asustarte y hacerte sentir amenazado. Esta es otra táctica para controlarte y conseguir lo que quieren de ti.

*Fingen Preocuparse por Ti*

Los manipuladores fingen que se preocupan por ti y que tienen tus mejores intereses en mente. Pueden preguntarte tu opinión o tus sentimientos sobre una determinada situación. Esta es una estrategia de manipulación que utilizan para conseguir que te abras a ellos, para así conocer tus debilidades y utilizarlas en tu contra.

## Cómo Identificar a un Manipulador

- Se aprovechan de las debilidades de los demás
- Nunca se disculpan
- Chismorrean y hablan mal de la gente
- Te critican delante de los demás
- Te sacan de tu zona de confort para desequilibrarte
- Te dan gaslight
- Dan respuestas vagas
- Son expertos mentirosos

Interactuar con personas difíciles perjudica tu salud mental, pero no puedes evitarlas. Aprender a reconocer sus rasgos y su comportamiento es el primer paso para ayudar a encontrar las estrategias adecuadas para tratar con ellas sin poner en peligro tu salud mental.

# Capítulo 2

## Cómo Lidiar con Gaslighters

El Gaslighting es una de las formas más comunes de manipulación. Utilizan el abuso psicológico para obstaculizar la percepción de la realidad de una persona. Con el tiempo, esto despoja a la víctima de su autoestima, su confianza en sí misma e incluso su sentido de identidad. En este capítulo, exploraremos algunas señales de que puedes estar experimentando gaslighting en el trabajo o en la vida en general. Aprenderás los pasos que debes dar para enfrentarte a este tipo de abuso.

### Gaslighting en el Trabajo

*Signos de Gaslighting en el Trabajo*

El gaslighting es un problema más común en el lugar de trabajo de lo que mucha gente cree. Quizás sea difícil detectar este tipo de abuso psicológico porque es mucho más sutil que las amenazas, la difusión de rumores, el acoso, el ostracismo, los insultos, etc. Muchas personas ni siquiera conocen la definición de gaslighting. No pueden identificar exactamente lo que sus compañeros de trabajo o supervisores les están haciendo. Lo único que saben es que se sienten incómodos e inseguros.

Ser objeto de gaslighting en el trabajo puede afectar a tu productividad y rendimiento. Te hace sentir desmotivado y puede obligarte a renunciar o a buscar otros trabajos. Lo peor de ser objeto de gaslighting es que te hace dudar de tus cualificaciones, rendimiento y experiencia, por lo que no siempre es fácil pedir ayuda. Si crees que puedes ser víctima del gaslighting en el trabajo, presta atención a las siguientes señales:

- **Dan Opiniones Negativas Injustificadas**

    Si escuchas constantemente comentarios negativos injustificados sobre tu rendimiento, es probable que estés tratando con un gaslighter. Este es uno de los signos más comunes de abuso psicológico en el lugar de trabajo. Por desgracia, cuando los comentarios provienen de una posición de poder, como la de tu supervisor, resulta especialmente difícil identificar si son válidos o no. Si te encuentras en esta situación, puede ser útil obtener la opinión de un miembro del equipo o de un compañero de trabajo. Explica los comentarios que has recibido de tu supervisor y cuéntales exactamente lo que te han dicho. Pregúntales si están de acuerdo y averigua qué puedes hacer mejor. Si creen que los constantes comentarios negativos de tu supervisor no son razonables, pregúntales si estarían dispuestos a ayudarte a luchar contra ellos.

- **Cuestiona Tus Recuerdos, Percepciones y Realidad**

    El objetivo último de un gaslighter es conseguir que te cuestiones tu propio sentido de la realidad. Te hacen dudar de tus percepciones y recuerdos de los acontecimientos hasta que te preguntas si algo está mal en ti. ¿Sales de la mayoría de tus encuentros dudando de ti mismo?

- **Hacen Comentarios Públicos Negativos**

    Si la persona con la que lidias trata constantemente de avergonzarte o de hacer comentarios negativos sobre ti en público, es probable que te esté haciendo luz de gas. La reacción de los demás ante las acciones de esa persona también puede ser un indicador clave. La gente suele sentirse incómoda cuando un gaslighter hace comentarios sarcásticos sobre alguien. Ya sea que esa persona sea un acosador o un gaslighter, sus acciones son inaceptables.

    Los gaslighters son excelentes para hacer que te cuestiones tus propias percepciones y la realidad. ¿Te dicen a menudo que recuerdas ciertos acontecimientos de forma diferente? ¿Afirman que eres demasiado sensible o demasiado dramático? Puede ser el momento de llevar la situación al departamento de recursos humanos si tu supervisor o compañero de trabajo te menosprecia continuamente en el trabajo.

- **Eres Objeto de Malos Chismes**

    Los gaslighters actúan alterando tu sentido de la realidad. Lo hacen con éxito difundiendo rumores negativos y cotilleando sobre ti con todo el mundo en el trabajo. Mantienen el control sobre la dinámica de tu relación haciendo que todos se alíen contra ti. Poco a poco, el gaslighter empieza a meterse en tu cabeza y hace que te preguntes si realmente eres una mala persona. Si oyes rumores sobre ti, tómate el tiempo de indagar en la situación hasta llegar a la fuente de la falsa noticia. Tanto si tus esfuerzos te llevan a la persona, como si sospechas o llegas a un callejón sin salida, asegúrate de defenderte.

- **Te Están Dejando Fuera**

Si tu gaslighter está en una posición de poder, te dejará intencionadamente fuera de las reuniones u otros eventos y actividades laborales. Esto, por supuesto, te hará sentir incompetente e inferior. Sin embargo, es importante no sacar conclusiones precipitadas. Si esto no ocurre con regularidad (o si no va acompañado de ningún otro signo), pueden pensar que tú o tu función no eran vitales para la reunión. Cuando busques señales de gaslighting o abuso psicológico, asegúrate de buscar patrones de comportamiento y no sólo casos puntuales.

- **Trivializan Tus Sentimientos y Esfuerzos**

    Si es así, probablemente hayan bromeado sobre ello o te hayan acusado de ser dramático. Si te sientes orgulloso de haber conseguido un determinado hito en el trabajo, probablemente le resten importancia a tu éxito y te hagan sentir que podrías haberlo hecho mejor. Puede que incluso te digan que todo el mundo completa proyectos similares con facilidad. Puede que pienses que no eres lo suficientemente competente para este trabajo. Después de todo, pensabas que completar "una tarea sencilla" era un logro. Un "gaslighter" menospreciará tus esfuerzos, tu entusiasmo y tus preocupaciones, lo cual afecta a tu autoestima y a tu confianza en ti mismo.

## Ejemplos de Gaslighting en el Trabajo

El Gaslighting adopta numerosas formas. En todos los casos, sin embargo, el objetivo principal es hacer que la víctima sienta que se está volviendo loca. Los siguientes son algunos ejemplos comunes de cómo el gaslighting toma forma en el lugar de trabajo:

- **Recuerdan Mal las Cosas**

    ¿Parece que tu jefe se equivoca constantemente al recordar acontecimientos pasados? Supongamos que tenías que presentar un informe el martes. Sin embargo, tu jefe te lo pide el lunes por la mañana. Le dices que ambos acordasteis que lo entregarías mañana. Empiezas a cuestionarte, aunque estás seguro. ¿Cómo puedes equivocarte? Has marcado la fecha límite en tu calendario y has puesto un recordatorio en tu teléfono. Empiezas a preguntarte si has confundido ese plazo con otro o si has leído mal la fecha cuando revisaste el calendario anoche. Se te ocurren un par de hipótesis diferentes que podrían explicar por qué te equivocaste, y ninguna de ellas incluye la posibilidad de que tu jefe sea el culpable.

- **Mienten Sin Razón**

Los gaslighters mienten sobre cosas muy triviales sin ninguna razón. La gente se presta cosas en el trabajo todo el tiempo. Puedes pedirle prestada una grapadora a tu compañero de trabajo, aunque no esté cerca para pedírselo y decirle que se la devolverás más tarde, y probablemente no le importará. Sin embargo, un gaslighter, en esa situación, puede tomar prestadas tus cosas y negar que lo haya hecho. Empiezas a volver sobre tus pasos y a recordar la última vez que usaste ese objeto, preguntándote si lo habrás extraviado.

- **Siempre Están a la Defensiva**

¿Has intentado alguna vez responsabilizar a tu gaslighter de algo? ¿Intentaste defenderte o discutir algo importante con ellos antes? ¿Cómo reaccionaron? Probablemente se pusieron a la defensiva. A los gaslighters les gusta ejercer y mantener su control, por lo que no permiten que nadie intente demostrar que están equivocados. Son maestros en darle la vuelta a la tortilla y hacerte creer que tú eres el culpable. Digamos que le explicas a un compañero de trabajo que no te gusta cómo te menosprecia "en broma" en el trabajo. Puede que le den la vuelta a la situación y te culpen de ser demasiado "tenso" o "sensible". Te dirán que no sabes aguantar una broma e incluso te harán sentir mal por ello.

- **Sus Palabras de Aliento te Sorprenden**

Los abusadores psicológicos son muy inteligentes. Saben que con el tiempo te cansarás de su comportamiento y descubrirás sus tácticas. Cuando esto ocurra, ya no estarás bajo su control. Por eso se empeñan en ofrecerte unas palabras de ánimo justo cuando estás a punto de quebrarte. Este repentino impulso de positividad te da esperanza y te hace sentir mejor. Crees que debes estar haciendo algo bien, aunque su amabilidad te confunda. Supón que tu jefe o compañero de trabajo te da de repente un comentario positivo o intenta celebrar tus logros cuando es injustificable o no se ajusta a su comportamiento anterior. En ese caso, es probable que seas víctima de gaslighting. Su lado bueno nunca dura lo suficiente.

- **Pretenden Ayudar**

Si le pides a tu compañero de trabajo que haga algo por ti, te dirá que ha estado trabajando en ello, aunque no lo haya hecho. Te encuentras con que tienes que preguntarlo varias veces, y acaban diciéndote que les estás presionando. Puede que acabes sintiéndote culpable por ser demasiado insistente.

- **Subestiman las Cosas**

  Si le dices a tu jefe que vas a llegar 10 minutos tarde a la reunión de mañana, puede que te diga que no es necesario que asistas a ella. Le quitarán importancia, pero te penalizarán por ello cuando faltes. Negarán haberte dicho que no era necesario que estuvieras allí.

- **Sus Acciones no se Corresponden con Sus Palabras**

  Puede que tu compañero de trabajo te convenza de que tienes que hacer un determinado proceso de una forma muy específica y gravosa. Sin embargo, al día siguiente les pillas utilizando una laguna legal más fácil. Cuando intentas hablar con ellos sobre el tema, puede que te digan que tienen más experiencia que tú, y que por eso pueden hacer las cosas a su manera. Te dirán que conocen los entresijos de esta tarea y que nunca se equivocan, aunque sepas que no saben todo lo que hay que saber al respecto.

## Qué Hacer

Ser víctima de gaslighting o de cualquier otra manipulación psicológica es inaceptable. Tienes que informar al departamento de recursos humanos si estás siendo víctima de racismo, acoso sexual o cualquier forma de discriminación. Si te enfrentas a formas más sutiles de abuso psicológico, puedes seguir los siguientes 5 pasos:

1. **Determine si Realmente se trata de Gaslighting**

   No siempre es fácil saber si estás siendo objeto de gaslighting. A menudo, estarás tratando con un compañero de trabajo muy grosero, desconsiderado, narcisista o egoísta. Analizar su comportamiento, buscar las señales mencionadas anteriormente y estar atento a los patrones puede ayudarte a saber si son gaslighters. Recuerda mantener la autocompasión y la confianza en ti mismo porque el objetivo final de un gaslighter es hacerte dudar y cuestionarte. En caso de duda, pide la opinión de compañeros de trabajo, supervisores, amigos y familiares de confianza.

2. **Reunir Pruebas**

Tendrás que informar a RRHH o a la dirección si quieres poner fin a este comportamiento. Sin embargo, para hacerlo, debes tener pruebas suficientes de que estás siendo objeto de manipulación psicológica. Reúne todas las pruebas que puedas. Toma notas detalladas y fechadas de tus interacciones y asegúrate de que un compañero de trabajo de confianza esté siempre cerca. De este modo, no será tu palabra contra la suya cuando afirmen que te has confundido de plazo o que no has entregado una tarea. También puedes enviarles un correo electrónico para confirmar que has entregado un informe en lugar de dejarlo en su mesa. Pregúntales si puedes grabar las reuniones para consultarlas más tarde.

3. **Prioriza Tu Bienestar y Busca Apoyo**

Tratar con un gaslighter puede ser extremadamente agotador desde el punto de vista emocional. Asegúrate de dar prioridad al autocuidado y a tu bienestar general mientras manejas esta situación. Confía en que no tienes la culpa y no dejes que las tácticas del gaslighter te afecten. Habla con alguien de confianza cuando empieces a perder de vista tu posición. Te recordarán los hechos y evitarán que interiorices las acciones del gaslighter. Abstente de hablarte a ti mismo de forma negativa e intenta mantener una mentalidad positiva.

4. **No los Evite**

 Puede que te sientas obligado a evitar a tu "gaslighter". Después de todo, no te hacen sentir muy bien. Por difícil que parezca, tienes que enfrentarte a él y defenderte. Sé sincero y mantén tu postura sin parecer demasiado conflictivo. No les acuses ni les culpes de nada porque se pondrán inmediatamente a la defensiva. Pídeles que te indiquen los casos en los que has sido negligente, incoherente, no has rendido lo suficiente o has recordado mal las cosas. Quizá quieras llevar contigo a un compañero de trabajo en el que confíes. Si tu supervisor te está dando largas, dejar la confrontación a un miembro de RRHH puede ser tu mejor opción.

5. **Considerar la Posibilidad de Escalar**

 Si la conversación con el gaslighter no va bien, deberías considerar la posibilidad de elevar la situación a RRHH y a la alta dirección. Asegúrate de presentarles las pruebas que has reunido.

## Gaslighting en la Vida

El Gaslighting no sólo tiene lugar en el trabajo. Puede ocurrir cuando se trata de amigos, familiares y parejas románticas. Desgraciadamente, detectar las señales de gaslighting a las que puedes prestar atención puede ser casi imposible cuando se trata de alguien a quien quieres. Dicho esto, hay algunos

**Señales de Que Estás Lidiando con un Gaslighter**
- Vuelven a contar las situaciones desde su propia perspectiva para que usted parezca culpable.
- Niegan que recuerdes ciertas situaciones y acontecimientos.
- Afirman que estás siendo demasiado dramática o sensible cuando hablas de tus sentimientos o intentas responsabilizarles.
- Afirman que usted hizo y dijo cosas que nunca hizo.
- Dicen a los demás que están preocupados por ti por comportarte como lo haces o por ser inestable. Dicen a los demás que puedes estar mintiendo sobre tus sentimientos.
- Nunca están dispuestos a ver las cosas desde tu punto de vista.

**Señales de Que Eres una Víctima de Gaslighting**
- Siempre te cuestionas y dudas de ti mismo.
- El gaslighter te deja constantemente confundido y abrumado. Te hacen sentir que eres incapaz de tomar tus propias decisiones.
- Te hacen creer que nunca podrás hacer las cosas bien.
- Siempre te sientes preocupado, al límite, ansioso o nervioso cuando están cerca (o después de interactuar con ellos).

- Hablar con ellos te quita la confianza en ti mismo y la autoestima.
- Te encuentras disculpándote todo el tiempo, incluso cuando no tienes la culpa.
- Pasas mucho tiempo preocupado por reaccionar de forma exagerada o ser demasiado sensible.
- Te culpas cuando algo va mal.
- Pierdes de vista quién eres y tienes un sentido de la identidad obstaculizado.
- Sientes que algo no va bien, aunque no puedas precisarlo.
- Tienes sentimientos persistentes de entumecimiento, desesperanza, ira o frustración.

**Frases Comunes que Puedes Escuchar**

Estas son algunas de las frases más comunes que puede escuchar si está tratando con una pareja, un amigo o un miembro de la familia que le maltrata psicológicamente:

- "Estoy muy preocupado por ti. Tengo la sensación de que te sientes perdido o confundido. No sé por qué has estado tan olvidadizo últimamente. Extravías tus cosas y no puedes recordar las cosas con precisión".
- "No quiero que estés triste... sólo lo digo porque me importa. Lo sabes, ¿verdad?"

Su "preocupación" sólo hace que te preguntes si realmente te pasa algo.

**Su Comportamiento Puede Cambiar**

Cuando eres una víctima del gaslighting, es probable que te vuelvas más complaciente con la gente. En lugar de tomar decisiones que te sirvan a ti, puedes tomar decisiones que complazcan a los que te rodean. Te preguntarás constantemente si estás haciendo o diciendo lo correcto porque el gaslighter te hace creer que de alguna manera siempre consigues estropear las cosas.

Si el gaslighter resulta ser alguien a quien amas, puede que te encuentres excusando su comportamiento incluso si te hace daño. Sabes que siempre te darán la vuelta a la tortilla y te harán sentir mal contigo mismo, así que optas por evitarlos o por aislarte del todo para no provocar el conflicto.

Puedes sentirte como si estuvieras caminando sobre cáscaras de huevo cada vez que estás cerca de tu "gaslighter". Evalúas tus palabras mil veces antes de hablar. Revisas tus acciones para asegurarte de que lo estás haciendo todo bien. Sabes que cualquier cosa que digas o hagas será utilizada en tu contra. Tener un gaslighter en tu vida hace que te olvides de cuidar de ti mismo. De repente, toda tu vida gira en torno a ellos y a cómo evitar que se enfaden. Acabas por no pasar casi nada de tiempo haciendo las cosas que antes amabas y disfrutabas.

**Qué Hacer**

Responder al gaslighting, especialmente cuando proviene de un ser querido, puede requerir mucha fuerza mental y emocional. Seguir los siguientes pasos puede ayudarte a manejar la situación con facilidad:

1. **Construir un Sistema de Apoyo**

Puede ser difícil admitir que alguien a quien amas te esté haciendo gaslighting, incluso cuando todas las señales están ahí. Por eso es útil recurrir a amigos y familiares que te apoyen y puedan opinar sobre la situación. Te ofrecerán una perspectiva objetiva, ideas útiles y algo de claridad, y te proporcionarán el apoyo emocional que tanto necesitas. Los gaslighters intentan crear distancia entre tú y tus seres queridos haciendo que se vuelvan contra ti o diciéndote que no tienen tus mejores intereses en mente. Aislarse sólo da más poder al gaslighter, por lo que debes mantener una comunicación sana con tus amigos y familiares.

## 2. Mantener los Registros

Es más probable que dudes de tu recuerdo de un suceso ocurrido hace unos días que de uno de la última hora. Cuando te enfrentes a un gasificador, asegúrate de tomar notas detalladas o de llevar un registro de la interacción justo después de que ocurra. De este modo, tendrás pruebas a las que recurrir cada vez que intenten hacer sus juegos mentales. Incluso si no vas a utilizarlo para enfrentarte al gaslighter, te ayudará tener algo a lo que referirte cada vez que intenten hacerte dudar de ti mismo.

## 3. Establecer Límites Claros

Tener unos límites claros, independientemente de con quién estés tratando, puede hacer más difícil que el gaslighter ejerza su control sobre ti. No podrán romper del todo tus límites emocionales y físicos. La próxima vez que intenten que te cuestiones, puedes decirles que ambos deben estar de acuerdo en estar en desacuerdo. Puedes decir: "parece que ambos recordamos la situación de forma diferente. Dejémoslo así" o "no voy a discutir esto contigo si invalidas mis sentimientos/me llamas "loca"/levantas la voz". Establecer y mantener unos límites firmes es la clave para luchar contra el maltrato psicológico.

## 4. Sé Fiel a Ti Mismo

Un gaslighter te hará perder de vista quién eres en el camino. Sentirás que has cambiado y te castigarás por convertirte en una versión "más débil" de ti mismo. Puede que incluso te sientas completamente insensible. Estar completamente consumido por tu gaslighter puede hacer que no te ocupes de ti mismo ni practiques las cosas que te gustan. Sin embargo, si te mantienes fiel a ti misma, te resultará mucho más fácil enfrentarte a tu gaslighter y protegerte de sus esfuerzos.

Tratar con un maltratador psicológico puede dañar tu salud mental y física. Por desgracia, el gaslighting es una forma común de abuso psicológico que puede tener lugar en el trabajo y en otras relaciones personales. Aprender a identificar las señales de que estás tratando con un gaslighter y entender cómo establecer límites personales puede ayudarte a mantener tu bienestar.

## Capítulo 3

## Como Lidiar con la Toxicidad

Lidiar con personas tóxicas puede ser un reto increíble, tanto si te encuentras con ellas como en la vida. Un estilo de vida ajetreado puede ser estresante por sí mismo. Si a esto le añadimos la toxicidad procedente de alguien con quien te encuentras a diario, puede provocar muchos dolores de cabeza. Para ayudarte a evitar las vibraciones negativas que provienen de individuos tóxicos, este capítulo te ofrece varias formas de lidiar con este problema. Te mostrará la mejor manera de evitar que te afecten y cómo establecer límites y evitar que afecten a tu vida.

**Cómo Lidiar con la Toxicidad en el Lugar de Trabajo**
Algunos trabajos son más estresantes que otros, pero todos conllevan la posibilidad de problemas que pueden hacer que te sientas ansioso de vez en cuando. Los plazos, el rendimiento y otros aspectos que la gente maneja en su lugar de trabajo son inevitables. Sin embargo, a veces el origen del estrés proviene de una fuente inesperada: la toxicidad de las personas con las que se trabaja. Afortunadamente, hay muchas maneras de lidiar con esto, incluso si no puedes evitar encontrarte con individuos tóxicos.

### *Establecer Limitaciones*

Las personas tóxicas siempre encontrarán algo de lo que quejarse. Pero esto no significa que tengas que hacerles caso. Establecer limitaciones en la forma de tratar sus quejas es crucial para evitar que te desgasten.

Los quejosos crónicos sólo se centran en sus problemas y no en las soluciones. En lugar de resolver el problema, confían en los demás para sentirse mejor. La forma de tratar con ellos depende del área de trabajo en la que se encuentre el individuo tóxico. Por ejemplo, si se trata de un cliente, puedes detener la cadena de quejas ofreciendo una solución clara. Asegúrate de hacer hincapié en que estás buscando lo mejor para ellos, pero es todo lo que puedes hacer por ellos (a menos que puedas remitirlos a tu superior). Si se trata de un compañero de trabajo, es posible que te sientas presionado a escuchar sus quejas todo el tiempo simplemente porque quieres mantener una relación sólida. Sin embargo, escuchar un problema que puedan tener una vez y dejarse arrastrar por su negatividad son dos cosas diferentes. Distanciarse de ellos diciendo que tú también tienes muchas cosas que hacer puede ayudar.

Otra solución es simplemente confrontarlos para encontrar una solución. Establecer límites con empleadores tóxicos es más complicado, y tendrás que ser más diplomático sobre el tema. Puedes explicar lo que estás dispuesto a ceder y lo que está fuera de lugar. Que tu jefe no tenga otra salida para sus problemas no significa que deba utilizarte como tal. Deben entender tus limitaciones y respetarlas.

*No Dejes que Te Afecte*

Entablar una batalla de voluntades con un individuo tóxico puede hacer que te sientas agotado e impotente. Si dejas que su negatividad controle tus emociones, puedes empeorar las cosas. Porque cuantos más luches contra ellos, más se atrincherarán y te devolverán la jugada. Sin embargo, si no dejas que te afecten, puedes evitar las emociones negativas y salir herido en una eventual batalla. Aprender a responder a las emociones es especialmente importante cuando se trata de un compañero de trabajo o un jefe tóxico. Saber cuándo mantenerte firme y cuándo dejar pasar las cosas podría ser la diferencia entre tener un crecimiento profesional constante y quedarse estancado en un lugar en cuanto a la carrera.

*Elevarse por Encima de Todo*

Las personas tóxicas son siempre irracionales, y cuanto más fuera de lugar sea su comportamiento, más te estresarán. La solución obvia para lidiar con un comportamiento que va en contra de la razón es estar por encima de ella. Si hacen algo que te provoca una fuerte emoción, pero no un pensamiento racional, debes responder con el enfoque contrario. En lugar de intentar ganarles en su propio juego (que casi siempre se basa en el chantaje emocional), deberías considerarlos un problema que necesita una solución. Eso te ayudará a responder con hechos en lugar de con tus sentimientos viscerales. De hecho, cuanto más irracional sea una persona tóxica, más deberías centrarte en lo que tu mente racional te dice que hagas. Te ayudará a encontrar una solución en cualquier área de trabajo en la que te encuentres con este problema.

*Cuida Tus Emociones*

El trabajo y las emociones deben mantenerse separados. Sin embargo, a veces te encuentras en una situación en la que bajas la guardia y permites que alguien te presione. La única manera de evitarlo es estar atento a las intenciones de las personas en todos los ámbitos laborales. Ya sea un cliente, un compañero de trabajo o un empleador, todos buscan su propio beneficio, que es lo que tú también deberías hacer. Si estás tratando con un cliente difícil, puede que tengas que reagruparte para encontrar la mejor manera de manejar su problema y su comportamiento. Tómate tu tiempo para encontrar la solución y mantén tus emociones fuera de la conversación. También puedes ganar tiempo para controlar tus emociones cuando trates con un compañero de trabajo o empleador tóxico. Si se acercan a ti con una petición o una idea que evoca emociones fuertes, debes sonreír, asentir y alejarte. Esto te permitirá darte tiempo para pensar en las cosas y poder enderezarlas sin ofenderlas.

*Toma el Control*

Un individuo tóxico en tu lugar de trabajo puede hacerte sentir que no tienes control sobre tu carrera. Esto es especialmente cierto si es tu superior el que te da dolores de cabeza. Sin embargo, el hecho de que intenten controlarte con su toxicidad no significa que no tengas forma de recuperar el control. El truco consiste en predecir su comportamiento, un enfoque que también puedes emplear con los clientes y los compañeros de trabajo. Cuanto más conozcas a una persona, más fácil será entender cómo quiere controlarte. Por ejemplo, supongamos que tu jefe te presiona para que trabajes horas extras, diciéndote que de lo contrario no avanzarás en tu carrera. En ese caso, deberías decir que no te importa asumir una función de mayor responsabilidad dentro de tu horario de trabajo habitual.

### *No Deje Que Nadie Le Quite Nada A Su Éxito*

Los frutos del trabajo duro traen consigo una satisfacción inigualable, eso sí, si no dejas que este sentimiento se vea empañado por los comentarios de una persona tóxica. Porque si las opiniones de un compañero de trabajo envidioso limitan tu alegría tras un hito completado con éxito, les estás haciendo un favor. Estás dejando que difundan su negatividad y que tomen el control de tu felicidad. La mejor manera de contrarrestar esto es dejar de compararte con los demás. De esta manera, aunque la persona tóxica lo haga por ti, no te importará porque sabes que mereces sentirte satisfecho con un trabajo bien hecho. Tus propios pensamientos y acciones determinan tu autoestima, y no que una persona envidiosa diga lo bueno o malo que fue tu trabajo en comparación con el de los demás.

### *Centrarse en las Soluciones*

Concentrarse en las soluciones en lugar de en los problemas puede ayudar a repeler los efectos tóxicos del lugar de trabajo. Si te centras en encontrar formas de crecer profesionalmente y en desarrollar nuevas habilidades, tendrás menos tiempo para darte cuenta de lo irracional que es el comportamiento de alguien. Aunque esto pueda parecer un reto cuando se trabaja con muchos clientes, se pueden encontrar formas de evitar los problemas recurrentes. Descubrir formas de evitar la causa de los problemas es una buena manera de canalizar tu energía hacia las soluciones. Cuando se trata de los compañeros de trabajo, puedes simplemente dejar de pensar en lo problemáticos que son y aprender a no darles poder. Insiste en que encuentren la solución a tus problemas por sí mismos. Cuanto más lo hagas, más verán que no estás ahí para hacerles sentir mejor. Nada alejará más a una persona tóxica que repetir las palabras solución y responsabilidad.

*Perdonar, No Olvidar*

Puedes perdonar a un compañero de trabajo tóxico por arrastrarte a una espiral emocional negativa, pero no debes olvidarlo. Sí, puedes dejar atrás el dolor para poder seguir adelante y trabajar juntos con éxito en el futuro. Pero recordarlo te enseñará a estar más atento a su comportamiento para no volver a caer en su trampa.

*Tome Decisiones de Vida más Saludables*

Tomar decisiones de vida más saludables puede ayudarte a gestionar mejor tus relaciones laborales. Por ejemplo, ¿sabías que el consumo excesivo de cafeína desencadena emociones negativas? Si bebes menos café, te sentirás menos estresado, por lo que es menos probable que te afecten las personas tóxicas. También te sentirás menos enfrentado, ya que tu cuerpo liberará menos adrenalina, una hormona responsable de la respuesta de huida y lucha. Dormir lo suficiente también es crucial para reducir el estrés laboral. Un sueño reparador aumenta la inteligencia emocional y racional, lo que te ayudará a poner en práctica todos los demás consejos que ya hemos mencionado. Te hará más creativo y mejorará tu capacidad de pensamiento crítico, algo que necesitarás para manejar la toxicidad en tu lugar de trabajo.

### *Encuentra a Tus Aliados*

Aparte de la toxicidad, tu lugar de trabajo también puede ser una fuente de poderosas conexiones. Tener aliados en la batalla contra una persona irracional puede ayudar a disuadirla de continuar con su ataque. Incluso si persisten, tener a alguien con quien hablar te dará el poder de saber que no estás solo. Pueden ofrecerte una perspectiva diferente sobre cómo resolver el problema. O pueden ayudarte a encontrar una solución. Lo más probable es que no seas el único afectado por la toxicidad. Siempre habrá otras personas que quieran dejar de tener conflictos tanto como tú.

### *Lidiar con la Toxicidad en la Vida*

Lidiar con la toxicidad en tu vida privada puede ser incluso más complicado que manejarla en tu lugar de trabajo. Porque mientras que existe la posibilidad de evitar a las personas tóxicas cambiando de trabajo, cambiar de quién te rodeas en tu vida privada no siempre es posible. Puedes poner fin a tu relación con un amigo tóxico, pero tal vez no puedas hacer lo mismo con un miembro de la familia que confía en ti para recibir apoyo.

### *Evita Entrar en Sus Juegos*

A las personas tóxicas no sólo les gusta representarse a sí mismas como víctimas, sino que les gusta hacer un juego de ello, sin importarles que vayan a herir a sus seres queridos. De hecho, la primera persona a la que culparán de su error o desgracia será probablemente alguien cercano a ellos. Lo peor que se puede hacer en esta situación es darles la razón, aunque en ese momento estén culpando a otra persona. Porque al apoyarlos, estás fomentando este comportamiento, y la próxima vez, puedes ser tú quien se encuentre en su objetivo. En su lugar, ofrece una perspectiva diferente, aunque parezca que no estás de acuerdo con ellos. No hagas acusaciones, pero tampoco dejes que se pinten como inocentes. Puede que les molestes con esto, pero es de esperar que no intenten involucrarte de nuevo en una situación similar en el futuro.

### *Considera Cómo Te Hacen Sentir*

Piensa en cómo la toxicidad afecta a tu estado emocional y mental. Mientras que la mayoría de las personas dicen ocasionalmente cosas hirientes que no quieren, las personas tóxicas arremeten todo el tiempo. Ser más consciente de tus interacciones emocionales con la gente puede ayudarte a descubrir cuando alguien se comporta así constantemente. Por ejemplo, alguien te miente y no se disculpa por ello ni reconoce cómo te ha afectado. ¿Te hace sentir herido? Si es así, deberías limitar el tiempo que pasas con ellos en la medida de lo posible.

### *Confronte Su Comportamiento*

Las personas tóxicas ni siquiera se dan cuenta de lo perjudicial que es su comportamiento. Les encanta el drama y los chismes, intentan manipular a los demás y ni siquiera se les ocurre cómo afecta a los demás. Si se trata de una persona cercana a ti, puedes tener una conversación abierta con ella sobre su comportamiento. Explica que no te sientes cómodo con su comportamiento sin acusarle directamente. Haz hincapié en que valoras tu relación, pero que, por la misma razón, no vas a tolerar su comportamiento. Supongamos que descubres que un amigo te ha mentido varias veces. Dile que, o bien es honesto contigo en el futuro, o no seguirás con tu relación porque ya no podrás confiar en él.

### *Ponte en Primer Lugar*

También es importante señalar que una persona no tiene que ser verbalmente abusiva para ser tóxica. Pueden hacer muchas otras cosas para atacar tu autoestima y tu confianza. Un miembro de la familia puede estar falto de dinero cada vez que te encuentras con él. Te piden constantemente que les ayudes sin ofrecerte nada a cambio. Independientemente de lo mucho que valores tu relación con esta persona, a veces tienes que ponerte en primer lugar. Asegurarte de que tienes la energía necesaria (física y mentalmente) para satisfacer tus necesidades es lo mejor que puedes hacer para evitar que la toxicidad te domine. También puedes indicarle a esta persona que a veces puede ser bueno para ella dar en lugar de tomar todo el tiempo.

### *Ofrecer Sólo Compasión*

No hay nada de malo en tener compasión por alguien que está pasando por un momento difícil. Sin embargo, no puedes comprometerte a nada más que eso. Incluso puedes señalar que pueden necesitar cambiar, pero nunca podrás ayudarles con esto si no están dispuestos a hacerlo. Si no puedes evitar a alguien, lo mejor que puedes hacer es esperar que cambie. Aparte de esto, lo único que puede ayudar es ofrecer compasión y amabilidad.

### *Di No Cuando Sea Necesario*

No escuchar a tu amigo quejarse por enésima vez del mismo asunto no significa que le estés defraudando. Sólo quieren hacerte creer que lo es. A veces, lo mejor que puedes hacer para ayudar a alguien a salir de dudas es simplemente decir no a su petición de que se queje. Debes ser duro y resistir sus intentos de hacerte cambiar de opinión, por muy dramáticos que sean. Practica cómo decir que no delante de un espejo si es necesario. Y luego hazlo con individuos menos exigentes. Para cuando llegues a la persona tóxica, estarás tan acostumbrado a esta técnica que serás capaz de retirarte de cualquier situación incómoda.

### *Recuerda que No Eres Responsable*

Las personas tóxicas tienen una forma de hacerte sentir que todo es culpa de los demás. Tu amigo puede culparte por no haberle ayudado cuando sabes que no podías hacer nada por él. Puede que incluso se apeguen a ti personalmente, haciéndote responsable de su infelicidad. Las personas tóxicas son muy buenas para tergiversar tus palabras. Si se lo permites, tratarán de convencerte de que saben que quieres hacerles daño, dejando que te preguntes de dónde ha salido ese pensamiento. No dejes que te hagan esto. Recuerda que cada uno es responsable de crear su propia felicidad. Sus elecciones de vida no tienen nada que ver con las tuyas.

## *Limita el Tiempo de Exposición*

Si temes ver a un amigo o familiar en particular y no puedes evitarlo, limita el tiempo de exposición a su comportamiento tóxico. Les gusta estar centrados en sí mismos y animan a los demás a hacer lo mismo. Cuando los veas, tratarán de decirte que, como los visitas tan poco, no deben importarte mucho. Aunque limitar tu exposición puede agravar este problema, sigue siendo mejor que dejar que te hagan sentir mal más a menudo. También puedes intentar explicarles que pasas menos tiempo con ellos porque tienden a pelearse y a quejarse.

## *Establezca Límites y Manténgalos*

Aunque establecer límites es una tarea formidable, hacer que la gente los respete es aún más difícil de conseguir. Si no defines claramente lo que vas a tolerar y lo que consideras un comportamiento inaceptable, no tienes ninguna posibilidad de enfrentarte a las personas tóxicas. Y cuando los tienes fijados, también debes ceñirte a ellos. Puede que de vez en cuando toleres las dramáticas historias de ficción de tu pariente mayor sobre el comportamiento "escandaloso" de su vecino. Sin embargo, si no te gusta cómo están abusando de vuestra relación reduciéndola a una vía de cotilleo, tendrás que hacérselo saber. Simplemente di que no te interesa ese tipo de conversación.

### *Ten una Salida*

A veces, una persona tóxica te sorprenderá con su comportamiento inesperado y sólo empezará a quejarse o a expresar su negatividad cuando ya estés en medio de la conversación. Prepara un plan de escape para estas conversaciones, de modo que no te salgas y los dejes en medio de la discusión. El hecho de que te estén faltando al respeto con su actitud no significa que tengas que devolverles el favor, sobre todo si se trata de un conocido mayor o un familiar. También es posible abandonar la conversación con educación. Sólo tienes que memorizar algunas excusas creíbles, como que llegas tarde al trabajo, que necesitas ir a la tienda, que estás esperando una llamada importante o que tienes otro compromiso con otra persona.

### *Cambia Tu Rutina*

Las personas tóxicas son muy buenas para aprender las rutinas de los demás. Puedes notar que cierto amigo o familiar siempre aparece para quejarse cuando estás en casa y tienes un poco de tiempo para ti. Aunque disuadir las visitas inesperadas debería ser una parte crucial de tus límites, siempre habrá personas que no los respeten. En lugar de entrar en conflicto con ellos por esto, simplemente debes cambiar tu rutina de vez en cuando. Si no saben cuándo o dónde encontrarte, pueden captar la pista de que no quieres verlos. Siempre es mejor hacer un cambio tú mismo (aunque te parezca injusto) que esperar a que ellos hagan lo mismo porque puedes estar esperando eternamente. A los que no puedes evitar (viven contigo, tienen visitas programadas contigo, etc.), explícales que tu prioridad es centrarte en tareas concretas.

## *Anímale a Buscar Ayuda*

Las personas tóxicas suelen tener problemas muy arraigados que les impiden cambiar o incluso ser conscientes del daño que están causando a quienes les rodean. Aunque esto no excusa su actitud, señalar que pueden necesitar ayuda para resolver sus problemas puede permitirles ver el error de sus formas. Esto puede ser difícil porque a estas personas ya les gusta hacerse las víctimas. Si te refieres a su comportamiento problemático, pueden decir que les has hecho daño cuando ya se han sentido mal por otra cosa. En lugar de decir cómo perjudican a los demás, intenta decirles lo mucho mejor que sería si no tuvieran esos pensamientos negativos todo el tiempo. También puedes animarles a que acudan a un terapeuta para recibir la ayuda que necesitan.

## *Mantén la Calma*

Mantener la calma cerca de una persona irracional ya es la mitad del trabajo, pero te resultará difícil, sobre todo si no puedes evitar a la persona. El mero hecho de pensar en lo que se le ocurrirá la próxima vez que la veas es suficiente para estresarte. Los ejercicios de conexión a tierra pueden ayudarte a prepararte para estas ocasiones. De este modo, te mantendrás tranquilo cuando estés con personas tóxicas. Antes de cada encuentro con una persona tóxica, respira profundamente e intenta relajar los hombros. Reafírmate a ti mismo que mantendrás la calma y que no dejarás que nadie te afecte. Puedes repetir esto en silencio incluso si ya estás en presencia de esta persona. Dependiendo de tu situación concreta, también puedes intentar distraerte concentrándote en un objeto cercano, haciendo garabatos o imaginando algo más agradable.

## Capítulo 4

## Cómo Lidiar con los Narcisistas

A veces, lo más inteligente es apartar a un narcisista de tu vida. Por desgracia, no siempre es una opción viable, especialmente si desempeña un papel importante en tu vida profesional o privada. En este capítulo, encontrarás señales de que estás tratando con un narcisista en el trabajo o en la vida. También encontrarás consejos para tratar con un compañero de trabajo, un jefe, un cliente o un ser querido narcisista.

**Narcisistas en el Trabajo**

**Señales de un Jefe o Compañero de Trabajo Narcisista**

Los jefes y compañeros de trabajo narcisistas pueden hacer que una situación laboral ya de por sí difícil se convierta en un reto. Reconocer sus patrones de comportamiento puede ayudarte a lidiar con la situación antes de que se complique aún más. Los siguientes son algunos signos de jefes y compañeros de trabajo narcisistas:

- **Roban el Crédito**

    Tanto si has ayudado a tu jefe a alcanzar su objetivo como si un proyecto de equipo va realmente bien, una persona narcisista no dudará en atribuirse el mérito del éxito de todo el equipo. No importa si la contribución de tu compañero al proyecto fue limitada o si tu jefe te asignó toda la tarea para que trabajaras; socavará tu participación. Tu jefe puede sugerir que pudiste alcanzar el objetivo sólo porque te dio las herramientas necesarias o supervisó todo el procedimiento. Un compañero de trabajo narcisista puede afirmar que el proyecto salió bien gracias a sus excepcionales habilidades de liderazgo y organización.

- **Nunca Asumen la Responsabilidad de los Errores**

    Aunque se apresuran a asumir la responsabilidad de los éxitos del equipo, nunca dan un paso al frente cuando hay un contratiempo. Dan la espalda cuando se produce un error o un problema. Si son ellos los responsables del problema, mentirán o culparán a otra persona de lo que haya sucedido. Incluso pueden convencer al responsable de que el problema no es tan grave.

- **Interrumpen y se Apoderan de las Situaciones**

    Los narcisistas se caracterizan por ser egocéntricos. Piensan que lo que ellos dicen es mucho más importante que cualquier conversación que los demás estén teniendo. Interrumpen con frecuencia las conversaciones sin prestar atención a lo que se está diciendo. Ignoran a cualquiera que intente hablar, apoderándose de toda la conversación y convirtiéndose en el centro de atención de todos. taking over the entire conversation and becoming the center of everyone's attention.

- **Son Buscadores de Atención**

  Los narcisistas suelen dar la impresión de tener muchos derechos. De alguna manera se las arreglan para que todo gire en torno a ellos. Son egocéntricos hasta el punto de que no les importa montar una escena con tal de ser el centro de atención.

- **Tienden a Chismorrear Mucho**

  A los narcisistas no les importa sembrar el caos mientras les sirva. Son maestros en enfrentar a las personas entre sí, así que no se sorprenda si tus compañeros de trabajo se distancian repentinamente de ti. Las personas narcisistas suelen difundir rumores y chismes sobre las personas que se sienten amenazadas en el trabajo. Mantienen sus celos a raya haciendo quedar mal a los demás.

- **No Aguantan las Críticas**

  It doesn't matter if they're receiving constructive criticism. A narcissist can never take negative feedback, even when it's helpful. They are incredibly sensitive to anything that may shake their ego or make them appear less-than-perfect. They can get really defensive and frustrated when met with criticism.

- **Son Pasivo-Agresivos**

  Los narcisistas suelen hacer comentarios negativos y sarcásticos. Sin embargo, te dan luz de gas para justificar sus comentarios sarcásticos y sus acciones inaceptables. Por ejemplo, pueden criticarte por hacer las cosas de una manera determinada o hacerte sentir incompetente, todo ello con el pretexto de una broma. Saben que, aunque te hagan daño, no podrás quejarte de ello. Te harán dudar de ti mismo y de tus capacidades, pero si te defiendes, sabes que te dirán que eres demasiado sensible y que no sabes aguantar una broma.

- **Resulta que Son Encantadores**

¿Has pensado alguna vez por qué la gente sigue tratando con narcisistas? Por desgracia, los narcisistas son muy populares entre sus compañeros de trabajo, amigos y familiares. Son conocidos por ser individuos altamente carismáticos y muy convincentes. Tanto si son astutos como si tienen un lado encantador, los narcisistas saben cómo causar una excelente primera impresión.

- **Actúan Como Si Las Reglas Estuvieran Debajo De Ellos**

Los narcisistas se creen mejores que nadie, por eso actúan como si estuvieran por encima de las normas. Se saltan descaradamente las normas y toman atajos incluso cuando van en contra del procedimiento estándar. Incluso tienen excusas "completamente justificables" para todas sus decisiones poco éticas. Aunque rara vez se atengan a las normas, esperan que todo el mundo las cumpla. Probablemente te interrogarán si descubren que infringes una norma menor a pesar de haberlo hecho ellos mismos.

- **Requieren que se les Reafirme Constantemente**

  Aunque suene extraño, muchos narcisistas necesitan que se les reafirme constantemente durante la jornada laboral. Esperan que toda la atención recaiga sobre ellos, por lo que (sobre todo los más vulnerables y discretos) siempre necesitan validación. A pesar de su despliegue de falsa confianza, la mayoría de los narcisistas son en realidad muy inseguros. Esto explica su obsesión por demostrar que son superiores a los demás.

- **Nunca Serás Lo Suficiente Para Un Narcisista**

  Puedes desperdiciar toda tu vida tratando de hacer todo bien para complacer a un narcisista, pero nunca lo lograrás. No importa lo mucho que te esfuerces o la frecuencia con la que pienses que tus palabras y acciones están por encima, siempre encontrarán algo que criticar. Establecen expectativas muy elevadas y poco realistas que nadie puede cumplir.

- **Se Ponen Muy Celosos**

  Puede ser difícil entender cómo alguien tan arrogante y "grandioso" puede ser extremadamente celoso. Por eso no mucha gente se da cuenta de que los narcisistas se ponen celosos de los triunfos y éxitos de otras personas. Esto viene de un lugar de inseguridades ocultas.

**Qué Hacer**

Por desgracia, evitar a los narcisistas no siempre es una opción, especialmente en el trabajo. No te queda más remedio que encontrar la manera de llevarte bien con tu jefe narcisista o con tus compañeros de trabajo. Si no lo haces, esto estropeará tu rendimiento en el trabajo, obstaculizará la calidad de los proyectos en los que trabajas y posiblemente te llevará a una vida profesional miserable. A continuación, te presentamos algunas cosas que puedes hacer para lidiar con los narcisistas en el trabajo:

- **Establecer Fuertes Límites Personales y Laborales**

    Establecer y mantener unos límites firmes y claros es la clave para protegerse de las personas agotadoras. Establecer reglas que guíen de alguna manera tus relaciones puede ayudarte a evitar interacciones incómodas. Siempre puedes tomar medidas correctivas si las personas no respetan tus límites.

- **No Te Tomes Las Cosas Personalmente**

    Debes saber que ser objeto de un comportamiento narcisista no tiene necesariamente nada que ver contigo. Cuando empieces a preguntarte si algo va mal contigo, recuerda que esto es puramente debido a la personalidad de tu compañero de trabajo o de tu jefe. Sus expectativas y comportamientos son lo único que hay que arreglar. No es tu culpa que hayas quedado atrapado en su fuego cruzado. No te tomes las cosas como algo personal, porque esto sólo afectará a tu autoestima y a tu tranquilidad.

- **Entender Cómo Funciona el Gaslighting**

    Los narcisistas utilizan muchas tácticas de gaslighting, incluyendo la manipulación, la mentira deliberada y la manipulación de la culpa. Educarte en este tipo de abuso psicológico puede ayudarte a distinguir cuándo un narcisista está intentando que te cuestiones tu sentido de la realidad. La próxima vez que esa persona intente confundirte o hacerte sentir incompetente, recuerda que sólo está tratando de darte gaslight

- **No Esperes que Cambien**

"¿Por qué no pueden ser más amables?" "Tal vez tengan algo de compasión." "Con suerte, esta vez reconocerán sus errores". Si bien es normal desear o esperar que su compañero de trabajo sea más fácil de tratar, establecer altas expectativas para un narcisista sólo lo hará más resentido. Un narcisista probablemente nunca cambiará si no busca ayuda profesional. Por eso debes aceptar a tu compañero de trabajo tal como es, pero recuerda que reconocer la situación actual no significa que tengas que aceptar su horrible comportamiento.

- **Reunir Pruebas**

Los narcisistas trabajadores y encantadores se salen con la suya en todo, incluso en comportamientos poco éticos e inaceptables en el lugar de trabajo. Harán lo que sea necesario para salir adelante en el trabajo, incluso si eso significa que tienen que pisar a otros en el camino. Siempre que notes que tu compañero de trabajo narcisista hace algo que se considera inaceptable, toma nota de ello. Intenta obtener pruebas de sus acciones, incluso si no piensas denunciarlas de inmediato.

- **Sea Asertivo**

Los narcisistas sólo pueden desplegar todo su poder cuando se rodean de facilitadores. Quieren estar rodeados de personas a las que puedan controlar. Puede ser más fácil dejar pasar las cosas cuando se trata de un narcisista. Sin embargo, ceder a sus tácticas te hace parecer sumiso, lo que les animaría a seguir jugando contigo. Ser asertivo con tus creencias, valores y límites puede pillar al narcisista con la guardia baja. Le quita parte de su poder y te convierte en un objetivo menos atractivo.

- **No Participe en Chismes**

  Nunca debes participar en los chismes de la oficina porque nunca es una buena idea. Evitarlo es especialmente importante cuando se trata de un narcisista en el trabajo, ya que aprovechará cualquier oportunidad para hacerte quedar mal. Chismorrear sobre un compañero de trabajo se lo pone en bandeja de plata. Recuerda que un narcisista puede tergiversar tus palabras incluso si no dices algo extremadamente dañino.

- **Consulte a Tu Jefe o a Recursos Humanos**

  Si el narcisista no es tu jefe, deberías considerar la posibilidad de hablar con él. Comenta con ellos tus preocupaciones sobre tus compañeros de trabajo y asegúrate de tener pruebas de situaciones concretas que apunten a tu problema. Evita hablar negativamente de tu colega y limítate a los hechos. Si no toman medidas satisfactorias, considera la posibilidad de elevar la situación al departamento de RRHH.

- **No Te Metas en lo Personal**

  No hables en absoluto de tu vida personal delante de tu colega narcisista. Se hacen los simpáticos y tratan de conocer a la gente a nivel personal sólo para utilizar la información que obtienen, incluyendo las debilidades, miedos e inseguridades de las personas, en su contra más adelante. Mantén tus intereses y tu vida romántica y social en privado. También ayuda ir más allá y mantener todas tus cuentas de redes sociales en la configuración "privada".

**Señales de un Cliente Narcisista**

Los Clientes Narcisistas típicamente:

- Tienen un sentido inflado de la grandiosidad y la autoimportancia.
- Se sienten con derecho a recibir una atención extra, un trato especial y un estímulo de admiración
- Sugieren que son más importantes y superiores a los demás clientes.
- Te menosprecian y te hablan con desprecio.
- Dominan la conversación y rara vez te dan la oportunidad de hablar.
- Hablarán de su estatus o intentarán imponer su rango.
- Esperan que les concedas favores especiales y cumplas sus deseos sin cuestionarlos.
- Manipularte para salirse con la suya.
- Insisten en obtener los mejores servicios o productos, aunque no puedan o no estén dispuestos a pagar por ellos.

**Qué Hacer**

Tratar con un cliente narcisista puede arruinar tu día. La interacción puede llegar a ser muy frustrante a pesar de tus mejores esfuerzos por mantener la calma. Los siguientes pasos pueden ayudarte a tratar con un cliente narcisista:

1. **No Discuta con Ellos**

Los narcisistas siempre piensan que tienen razón, y nada de lo que digas podrá cambiar eso. Es posible que sientas la tentación de discutir con tu cliente y explicarle que las cosas funcionan de una determinada manera. Sin embargo, esto sólo te frustrará y te pondrá en riesgo de levantar la voz o decir algo que no debías decir. Tratar con un cliente poco cooperativo es una trampa. Puedes escapar de ella o dejar que tus emociones te lleven a la trampa. En lugar de discutir con el cliente, propón respuestas objetivas y racionales.

Por ejemplo, si entra solicitando la sustitución de su cámara porque está "defectuosa", explícale que la cámara no es resistente al agua y que el manual indica que se estropeará si se sumerge en el agua. Dígales que el aparato no está defectuoso y que simplemente se ha utilizado mal. Es probable que un cliente narcisista se enfade mucho e insista en que tiene derecho a recibir un reemplazo de su dispositivo dañado. En ese caso, tendrás que tomarte el tiempo de reflexionar sobre sus palabras. Refleja algunas de las cosas que dicen para darles la ilusión de que ambos estáis en la misma página sin cambiar realmente tu perspectiva. Por ejemplo, si insisten en que cuidan bien sus pertenencias, puedes decir: "Estoy seguro de que lo haces. Me sorprende que hayas conseguido mantener la cámara en excelente estado durante 4 años. ¡Ni siquiera un rasguño! No importa la palabra "mal uso". Los accidentes ocurren todo el tiempo". Deja que se tomen un momento para asimilar toda la atención y los elogios antes de pasar a la segunda técnica.

## 2. Utiliza "Y" y "Nosotros": Las palabras mágicas

Después de haberles alabado y haberles hecho sentirse bien con ellos mismos, tienes que guiar a tu cliente hacia la dirección deseada. Puedes hacerlo utilizando la palabra "y". En ese caso, puedes continuar con "y por eso nos gustaría dedicar tiempo a evaluar los daños que ha sufrido la cámara para determinar si se pueden arreglar. Sería una pena ver cómo se desperdicia esta cámara tan bien cuidada". Debes demostrar a tu cliente que te interesa el problema. En lugar de decir algo como "puede mirar otras cámaras por el momento", sería mejor decir "mientras tanto, podemos echar un vistazo a otras cámaras estancas más nuevas". Dirigirse directamente a tu cliente puede parecer que le estás dando una orden y asumiendo una posición de poder, que es lo último que quieres hacer.

## 3. Hacer Declaraciones de Acción

Aunque hayas conseguido calmarlos, esto no será suficiente para satisfacer a un cliente narcisista. Debes explicarles todo lo que tienen que hacer en frases cortas, procesables y concisas. Asegúrate de ponerlos a trabajar inmediatamente: "¿Ya te has descargado nuestra aplicación? Puedes obtener un 5% de descuento en nuevas compras y un 10% en reparaciones. ¿Está registrado en una plataforma de "Compre ahora y pague después"? Puede utilizarla si desea adquirir una nueva cámara. ¿Debo llamar al representante de la plataforma para que te informe sobre los servicios que ofrecen?" En ese momento, estarán ocupados descargando la aplicación y comprobando si su tienda acepta el método de pago deseado o la plataforma BNPL. Es probable que ya hayan perdido el interés.

Ofrezca una solución en forma de pregunta corta: "(determinado método de pago)".

Make sure they give you a verbal, understood response. Here's why:

**4. Documentar el Proceso**

Los narcisistas pueden estar de acuerdo con tu plan hoy y afirmar que nunca se llevará a cabo mañana. Por eso debes documentar tu acuerdo, para tener algo a lo que referirte cada vez que se retracten de su palabra. Si vienen la semana que viene solicitando el reemplazo de su cámara, puedes decir: "oh... volvamos al memorándum. Estoy seguro de que ha sido una semana muy agitada para ti. Seguro que se te ha olvidado". Tratar con éxito a un narcisista requiere que valides constantemente sus acciones y le des un impulso a su ego, incluso cuando le estés corrigiendo sutilmente. Si es posible, graba o toma notas de todas tus interacciones. Explícales que no quieres que se te escape nada y diles que quieres hacerlo todo según lo previsto para garantizar su satisfacción.

**5. Encontrarán la Manera de Culparte. ¡No Dejes que te Afecte!**

Un narcisista siempre encontrará una forma de culparte de la situación si las cosas no salen como él quiere. Por ejemplo, puede decirte que estás tardando demasiado en encontrar una solución a su problema, lo que estropea sus planes. Por muy frustrante que sea, mantén la calma y respira hondo. Ignora el hecho de que te están culpando y haz lo posible por mantenerte orientado a la solución. Reconoce que los retrasos pueden ser muy incómodos, pero por desgracia, como este modelo en concreto es un poco antiguo, la búsqueda del hardware necesario puede llevar más tiempo del previsto. Utiliza las palabras "y" y "nosotros", y evita utilizar el término "pero" porque suele asociarse a declaraciones negativas.

## Los Narcisistas en la Vida

### Los Principales Rasgos de un Narcisista

- Son increíblemente egocéntricos y no tienen en cuenta a los demás. Siempre están muy preocupados por sí mismos y son extremadamente conscientes de sí mismos. Creen sinceramente que tienen derecho a recibir atención, un trato especial y la admiración de los que les rodean.

- Tienen expectativas muy poco realistas respecto a los demás. Piensan que la gente debe prestarles siempre la atención requerida y satisfacer todos sus deseos sin rechistar. No tienen ningún problema en pedir favores especiales, pensando que se los merecen.

- La mayoría de los narcisistas son muy superficiales. Sólo les importa el atractivo físico, la fama, la ropa, la reputación, la riqueza y el éxito. El triunvirato definitivo de un narcisista es la belleza, el poder y el éxito.

- Tienen la aterradora capacidad de deshumanizar completamente a las personas. Ven a los demás como oportunidades andantes, manteniendo a los que pueden ofrecer más beneficios más cerca de ellos. Una vez que hayas cumplido tu propósito o hayas demostrado ser inútil para el narcisista, te descartarán.

- Como deshumanizan fácilmente a los demás, los narcisistas casi no sienten empatía por los demás. Suelen ser incapaces de entender cualquier punto de vista que sea diferente al que ellos tienen. Carecen de compasión y a menudo no sienten remordimientos cuando hacen algo malo.
- Los narcisistas son muy egoístas y orgullosos.
- Este gran sentido del orgullo hace que no acepten las críticas. Nunca aceptan los comentarios negativos, ni siquiera cuando son constructivos. Se lanzan rápidamente a su energía defensiva.
- Exageran sus logros, realizaciones y habilidades.
- Los narcisistas requieren una validación constante. Sienten la necesidad de ser la persona más poderosa y exitosa del entorno. Si se sienten amenazados, se ponen rápidamente celosos y pasan por encima de esa persona, incluso si se trata de un miembro de la familia.
- Son individuos muy temperamentales que luchan por mantener sus emociones bajo control. Son más vulnerables psicológicamente de lo que parecen, por lo que incluso los más mínimos desequilibrios en sus emociones pueden salirse de control. Cuando se sienten abrumados, los narcisistas

- pueden volverse muy agresivos e impulsivos y pueden recurrir a tácticas como la manipulación y el gaslighting.

- La razón principal por la que los narcisistas están tan obsesionados consigo mismos es que quieren que la gente piense que son extremadamente seguros de sí mismos. La verdad es que los narcisistas luchan con conceptos como el amor propio. Su inexplicable necesidad de ser superiores a los demás proviene de sus inseguridades. En lugar de volverse más bien encubiertos, su autoestima obstaculizada es lo que impulsa su arrogancia. En cierto sentido, creen que este acto de grandiosidad compensa su disminución de amor propio y confianza.

- Los narcisistas rara vez tienen relaciones saludables con las personas que aman. Esto se debe a que todos los que los rodean eventualmente se cansan de sus tendencias de gaslighting, problemas de ego, los celos y la crítica.

## Qué Hacer

- **No se Enfrente a Ellos Directamente**

Los narcisistas nunca responden bien a las críticas. Si tienes que abordar el problema, debes tener mucho cuidado con la forma de abordarlo. Intenta abrir y terminar la conversación con una nota positiva. Por ejemplo, puedes hacer afirmaciones como "Sé que tienes mi mejor interés en el corazón" o "Sé que se te debe haber olvidado. Tienes tantas cosas en la cabeza ahora mismo".

- **No Dejes que las Cosas se Desvíen**

Hablar con un narcisista puede ser una experiencia terrible. Tienes que tener mucho cuidado con lo que vas a decir, porque las palabras equivocadas se volverán en tu contra o les harán estallar. Como carecen de empatía y de habilidades comunicativas, lo más probable es que lo que digas no sirva de nada. Sólo te irás frustrado. Sin embargo, esto no significa que debas dejar pasar sus comportamientos negativos. Sé asertivo y deja claro que no vas a aceptar sus comentarios sarcásticos ni sus acciones agresivas.

- **Establecer Límites**

Establece límites personales fuertes y saludables, y no permitas que el narcisista los sobrepase. Deja claro cuáles son tus límites y dónde están en tu vida.

- **Consigue Ayuda Profesional**

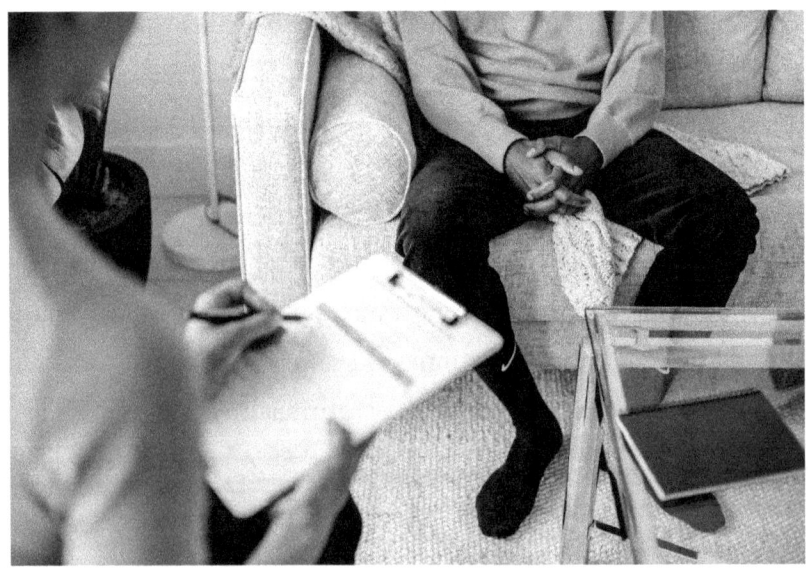

Tratar con un narcisista puede ser perjudicial para tu salud mental y emocional. Establece un sistema de apoyo de amigos y familiares en los que confíes, y asegúrate de buscar ayuda profesional si el narcisista empieza a afectarte. Un consejero o terapeuta experimentado te ayudará a poner las cosas en perspectiva, ayudándote a mantener tu salud mental.

Tratar con un narcisista puede ser una experiencia muy agotadora. Cada palabra que dices y cada acción que realizas cuando estás cerca de ellos tiene que ser calculada. De lo contrario, es probable que te lo echen en cara. Afortunadamente, hay algunas cosas que puedes hacer para lidiar con éxito con un narcisista en el trabajo y en tu vida diaria. Todo lo que tienes que hacer es ponerte firme y decidir pasar a la acción.

## Capítulo 5

## Como Lidiar con los Vampiros de Energía

Los vampiros de energía están por todas partes a tu alrededor. Es posible que no puedas reconocerlos a primera vista. Son personas de aspecto normal. Sin embargo, sus acciones están lejos de ser normales. Las interacciones con los vampiros de energía pueden estropear tu estado de ánimo e incluso arruinar tu día. Al final, te encuentras con que temes que te llamen o que te los encuentres en algún sitio. Evitar a estas personas no siempre es una opción y, en algunos casos, puede que tengas que interactuar con ellas regularmente, especialmente si son tus compañeros de trabajo, tu jefe o miembros de tu familia.

Si trabajas con vampiros de energía, probablemente te vayas a casa todos los días sintiéndote cansado, emocionalmente agotado y estresado. Puede que incluso sufras de ansiedad y depresión. Esa no es forma de vivir tu vida. No tienes que temer ir al trabajo o sentirte al límite cada vez que tengas que tratar con esta persona difícil. Los vampiros de energía no sólo afectan a tu salud mental y a tu bienestar emocional, sino que también afectan a tu capacidad de concentrarte en tu trabajo y a tu productividad. Cada persona ya está luchando y pasando por algo. No necesita el estrés añadido de los vampiros de energía. Algunas estrategias pueden ayudarte a lidiar con estas personas para hacer tu vida laboral un poco más fácil.

## Cómo Lidiar con los Vampiros de Energía en el Trabajo

### *Establecer Límites Saludables*

Establecer límites saludables es siempre la mejor estrategia contra las personas difíciles. Naturalmente, quieres tratar a tus compañeros de trabajo con compasión y amabilidad, pero entiende que nada de lo que hagas será suficiente para los vampiros de energía. Estas personas siempre se hacen las víctimas, y no puedes asistir a todas las fiestas de compasión que organizan. Pon el límite ahora, o lo lamentarás después. Establece límites limitando el tiempo que pasas con ellos en el trabajo. A los vampiros energéticos les gusta quejarse y difundir la negatividad. Es posible que se quejen de lo mismo todos los días, por ejemplo, de que su jefe ha ascendido a alguien o de que otro compañero de trabajo no deja de presionar su botón.

Puede ser frustrante escuchar la misma queja todos los días. Es posible que estas personas no busquen necesariamente soluciones, sino que sólo quieran quejarse. Así que cuando empiecen a hablar de los mismos temas de siempre, diles simplemente y con calma que no puedes seguir discutiendo con ellos. Entiende que no estás siendo cruel o antipático, pero no hay nada que puedas hacer para ayudar a esta persona, y sólo estás protegiendo tu salud mental. Aunque les ayudes a resolver un problema, encontrarán otra cosa de la que quejarse. Es un círculo interminable de negatividad que te dejará seco.

### *No les Prestes Atención*

Los vampiros de energía ansían llamar la atención y suelen conseguirlo siendo conflictivos y difundiendo su negatividad. Algunos clientes pueden exigir ver a su gerente por pequeños malentendidos o problemas sencillos. Estos individuos tienen un complejo de víctima y lo único que les importa es obtener una respuesta de su parte. Quieren arrastrarte a su drama, pero tienes la opción de no complacerlos. Los vampiros de energía quieren que te enfades y te entregues a su drama. En lugar de eso, no te involucres con ellos y mantén la pasividad y la calma. Si no obtienen la reacción emocional que desean de ti, perderán el interés y buscarán otra víctima.

Presta también atención a tu lenguaje corporal. No asientas ni sonrías mientras te hablan; esto significa que aceptas su comportamiento o que estás disfrutando de la conversación. Incluso cuando te envíen mensajes de texto, recuerda que siguen buscando atención. No les consientas enviando mensajes largos. Recuerda que todavía pueden agotarte virtualmente. Haz que tus mensajes sean cortos y no respondas a todos los que te envíen.

*Mantener la Distancia*

Mantener las distancias con los vampiros de energía en el trabajo no significa que tengas que dejar tu trabajo. Puedes mantener la distancia con ellos en el trabajo para proteger tu energía. Para empezar, no compartas tus secretos con ellos. No son de fiar y utilizarán cualquier cosa que les cuentes para manipularte. Intenta limitar tu contacto con ellos manteniendo la puerta de tu oficina cerrada. Si tu oficina no tiene puertas, diles amablemente que estás desbordado en este momento cada vez que se acerquen a tu mesa. Evita los lugares que suelen frecuentar, como la oficina de otro compañero o una cafetería cercana al trabajo. Discúlpate si te pillan diciendo que tienes que volver a tu oficina porque tienes mucho trabajo.

Es posible que aún tengas que interactuar con ellos, especialmente si esta persona es tu jefe. Durante tu interacción con ellos, evita dar cualquier respuesta emocional. Intenta permanecer frío y no dejes que te afecten. Asegúrate de no dejar que el vampiro emocional sepa que ha conseguido molestarte. Sólo estás aquí haciendo tu trabajo y, si puedes, hazles sentir que no existen.

### *Entienda Que no Tienen Poder Sobre Ti*

Puede que tu jefe tenga poder sobre ti en el trabajo, pero no puede controlar tus pensamientos o sentimientos. No des a los vampiros de energía poder sobre ti ni dejes que controlen cómo te sientes. Cambia tus pensamientos y entiende que nadie tiene poder sobre ti. El cliente o compañero de trabajo vampiro de energía no puede arruinar tu día o hacerte sentir mal contigo mismo. Tú tienes el poder de evitar que estas personas y su negatividad te afecten.

### *Habla con Ellos*

Tal vez tu compañero de trabajo vampiro de energía no sea consciente de lo que está haciendo. Algunos vampiros energéticos pueden ser narcisistas a los que no les importa a quién hacen daño, por lo que hablar con ellos puede ser inútil. Sin embargo, otros vampiros energéticos han luchado durante mucho tiempo y no son conscientes de que se han convertido en individuos negativos. Habla con ellos y explícales amablemente que se han estado quejando mucho, lo que ha afectado a tu salud mental. Quizás sugiera que hablen con un terapeuta si sienten que no pueden controlar su negatividad. Explícales que querías ayudarles, pero que ha llegado un punto en el que hablar con ellos ha afectado a tu rendimiento en el trabajo y a tu productividad. Puede que sigan tu consejo y acudan a un terapeuta o, como mínimo, dejen de hacer teatro y quejarse.

Puede que te sorprenda descubrir que realmente no tenían intención de causarte ninguna frustración o dolor.

*Mantente Firme*

A los vampiros de energía no les gustará que empieces a poner límites y dejes de darles respuestas emocionales. Violarán tus límites o te harán sentir culpable. Comprende que no estás haciendo nada malo y mantente firme. Sé persistente y no cedas a sus manipulaciones. Con el tiempo, aprenderán que has cambiado y que no hay vuelta atrás.

## Cuando Tu Jefe Es Un Vampiro De Energía

Los métodos mencionados anteriormente pueden utilizarse fácilmente si el vampiro de energía es un compañero de trabajo. Sin embargo, si es tu jefe, puede que necesites una estrategia diferente. Es bastante común que un vampiro de energía sea su jefe. La mayoría de los vampiros de energía son narcisistas, y estos individuos prefieren estar en posiciones de autoridad, ya que encaja con su imagen grandiosa y su alto sentido del yo. No puedes evitar a tu jefe difícil ni decirle que no tienes tiempo para hablar. En este caso, tienes dos opciones para proteger tu salud mental. La primera opción es dejar el trabajo. Envía tu currículum a otros lugares y, cuando encuentres un buen trabajo, presenta tu dimisión. Sin embargo, si encontrar otro trabajo no es una opción, entonces tendrás que encontrar la estrategia adecuada para ayudarte a lidiar con tu jefe vampiro de energía.

A los narcisistas, que también son vampiros de energía, les gusta sentirse importantes, así que siempre que tu jefe necesite una inyección de ego, dásela. Cuando se trata de compartir tus ideas con tu jefe, tu principal objetivo es que te escuchen y te reconozcan. Así que antes de decir nada, valida su ego. Reconoce lo buenas que son sus ideas antes de sugerir algunos ajustes. O bien, cuando quieras compartir una idea original que tengas, puedes empezar diciendo que ellos inspiraron esa idea o que quizá la mencionaron hace unos meses. Cuando se trata de desacuerdos, es mejor no discutir con ellos. No malgastes tu energía con alguien que nunca admitirá que se equivoca y que debe ganar todas las discusiones.

También es posible que tu jefe intente arrastrarte a su drama o a cualquier cosa que ocurra en el lugar de trabajo. Intenta, en la medida de lo posible, evitar involucrarte. Esto no sólo protegerá tu energía, sino también tu reputación. No querrás que tus compañeros de trabajo te asocien con el comportamiento difícil de tu jefe. Sigue controlándote, y si sigues sintiéndote agotado o tu salud mental y tu autoestima se resienten, deberías considerar seriamente la posibilidad de buscar un nuevo trabajo.

**Cómo Lidiar con los Clientes Vampiros de Energía**

"El cliente siempre tiene la razón". Esta frase ha complicado la vida de muchas personas. Esta es la verdad, el cliente no siempre tiene razón. Algunos pueden ser vampiros de energía, y estas personas están lejos de tener la razón. Probablemente pienses que la mejor manera de tratar con estas personas es aguantándolas porque no quieres perder clientes, lo que puede afectar a tu negocio. Sin embargo, si dejas que estas personas se salgan con la suya, te desgastarán y no podrás centrarte en tu trabajo.

A algunos clientes les encanta el sonido de su propia voz. Hablarán y hablarán sin darte la oportunidad de hablar. También debes participar en la conversación para explicarles las cosas o corregirles cuando se equivoquen. Esto puede ser muy agotador de tratar. En este caso, la confianza es la clave. Aprender habilidades conversacionales mientras aplicas la confianza puede ayudarte a manejar esta dura conversación. Si te cuesta confiar en ti mismo, considera la posibilidad de dejar que uno de tus compañeros de trabajo se encargue de este cliente. Encuentre a uno con la capacidad y las habilidades para manejar a este cliente difícil.

En algunos casos, puede que tengas que tratar al vampiro de energía de la misma manera que tratarías a un vampiro real y dejar de invitarle a entrar. Empieza por establecer límites sanos y claros y, si esto no funciona, deja que este cliente se vaya. Recuerda que nada es más importante que tu salud mental. Si mantienes a un cliente difícil por dinero, te agotará constantemente y no tendrás energía para atender a otros clientes. Elegir tu salud mental te salvará a ti y a tu negocio.

**Cómo Lidiar con los Vampiros de Energía en Tu Vida Personal**
También conocerás a los vampiros de energía en tu vida personal. Pueden ser miembros de la familia, tu pareja, vecinos o amigos. Evitar a la familia o a los amigos puede ser más difícil que evitar a un compañero de trabajo porque estás emocionalmente unido a ellos. Puede ser más fácil sentirse culpable, especialmente si tienes que

poner límites o cortar con ellos. Sin embargo, tu salud mental y tu bienestar emocional deben ser siempre lo primero.

### *Evite los Temas Desencadenantes*

Hay ciertos temas que los vampiros emocionales pueden encontrar desencadenantes. Por ejemplo, tu mejor amigo puede entrar en modo víctima cuando empieza a hablar de su ex, o tu hermano que no puede dejar de quejarse cada vez que le mencionan a su jefe. Para proteger tu energía y evitar que el vampiro energético extienda su negatividad, considera mantener una conversación ligera. Evita los temas que les provoquen o les hagan quejarse. Quieres estar ahí para ellos y proporcionarles un oído comprensivo. Sin embargo, como ya sabes, estos individuos son extremadamente negativos y quejarse se ha convertido en parte de su personalidad. Habla de temas ligeros, como el estreno de tu película o programa de televisión favorito, amigos comunes, o rememora tus recuerdos.

### *Invita a Más Personas a Unirse*

Pasar tiempo con un vampiro de energía a solas puede ser agotador. La próxima vez que tu amigo o familiar vampiro energético te invite a pasar tiempo con él, invita a algunos de tus amigos comunes. Recuerda que la miseria ama la compañía. De este modo, su negatividad no se dirigirá sólo a ti. También puedes vigilar a tus otros amigos para ver cómo tratan al vampiro emocional. Puedes aprender algunos trucos que te ayuden a protegerte a ti y a tu energía.

*Di no de vez en cuando*

No tienes que decir que sí siempre que el vampiro energético te pida que hagas algo, ni aceptar todas las invitaciones, ni responder a todas las llamadas telefónicas. A veces, decir no a las interacciones con el vampiro energético puede proteger tu salud mental. Decir no no es cruel ni grosero, aunque el vampiro energético te haga sentir así. Es tu forma de establecer límites y protegerte.

*Estar Cansado*

No te olvides nunca de convertirte en una prioridad. Si te sientes agotado o cansado, dile al vampiro de energía que no te apetece hablar o pasar el rato. No te agotes más. Date un respiro cuando te apetezca. Incluso si no te sientes cansado, puedes utilizar esta excusa cuando no quieras interactuar con ellos. Se alimentan de la energía de otras personas, así que, si no tienes ninguna que aportar, no tendrán interés en ti y buscarán otra cosa.

### *Mantener la Calma*

Como regla general, los individuos tóxicos se alimentan de cualquier reacción emocional que les des, ya sea positiva o negativa. Los vampiros de energía tratarán de obtener cualquier reacción de ti, y si pierdes los nervios, ellos también perderán los suyos y empeorarán la situación. Mantén la calma y la frialdad siempre que interactúes con ellos, incluso cuando te provoquen. Es comprensible que esto sea más fácil de decir que de hacer. Sin embargo, ten en cuenta que cualquier reacción sólo drenará tu energía y servirá como invitación para que el vampiro energético siga arrastrándote en su drama.

### *Entienda con Quién Está Tratando*

Puede ser difícil aceptar que alguien que te importa es un vampiro de energía y que las interacciones con él pueden dañar tu salud mental. Quieres hablar con ellos, desahogarte sobre tu día, o apoyarte en ellos en tus momentos de necesidad. Sin embargo, estas personas carecen de empatía, especialmente si son narcisistas. Utilizarán cualquier cosa que les digas en tu contra. Entiende el tipo de personas con las que estás tratando. No les importa si has tenido un mal día o si tu pareja ha roto contigo. Mantén tus conversaciones superficiales y ligeras, y acepta el hecho de que no sentirán tu dolor ni celebrarán tus éxitos.

### **Limita Tus Interacciones**

Se puede intentar todo con un vampiro de energía, pero al final nada funcionará. En este caso, limitar tus interacciones y reducir el contacto puede proteger tu salud mental. Como ya hemos dicho, siempre puedes invitar a otras personas, para no tener que pasar el rato con ellos a solas. No respondas cada vez que te llamen ni les envíes un mensaje de texto de inmediato. Intenta que tu comunicación sea digital, envía mensajes de texto en lugar de llamar en la medida de lo posible. También puedes tratar de inventar excusas cada vez que tengas que verlos.

### *Corta con Ellos*

El último recurso es cortar con el vampiro de energía. Puede sonar duro, pero es necesario cuando todo lo demás falla. Hay personas con las que no puedes cortar, como un ex cónyuge con el que compartes hijos; en este caso, tendrás que limitar tu comunicación. Sin embargo, si se trata de alguien con quien no tienes que comunicarte, cortar con él es tu mejor opción. Mantener a estas personas cerca puede tener graves consecuencias en tu salud mental. Algunas personas no deben estar en tu vida. Aunque las quieras o no puedas vivir sin ellas, tendrás que dejarlas ir por el bien de tu bienestar. Recuerda que cuanto más tiempo pases con estas personas, más riesgo corres de parecerte a ellas. Nadie se merece este tipo de negatividad.

## Cómo Establecer Límites Saludables

### *Reconocer las Señales*

Escucha a tu cuerpo; está tratando de decirte algo. ¿Cómo te sientes después de pasar tiempo con ciertas personas? ¿Te sientes agotado, exhausto o ansioso? Esto te dará una pista sobre las personas de las que debes protegerte.

### *Respétate a Ti Mismo*

Si no te respetas a ti mismo, nadie te respetará. Comunica con calma a los vampiros de energía de tu vida que no tolerarás ninguna falta de respeto o violación de tus límites. Los vampiros de energía siguen tomando de ti porque tú se lo permites. Deja claro que ya es suficiente. Explícales que la falta de respeto a tus límites significa que no te respetan.

### *Comunica Tus Límites*

Explícales cómo te hace sentir su comportamiento y que tienes una serie de límites que deben respetar. Comunica tus necesidades con calma y sé sincero. No te vayas por las ramas. Evita la confrontación, la defensa o la emoción. Sé firme y estricto, y explica que tus límites no son negociables.

### *El No es una Frase Completa*

Por muy estrictos que sean tus límites, los vampiros de energía seguirán poniéndolos a prueba. Si te sientes incómodo haciendo algo, simplemente di que no. No tienes que dar explicaciones; recuerda que el no es una frase completa. Esta es tu vida, y tienes el poder de aceptar lo que quieres y decir no a las cosas que no vas a tolerar.

### *Sigue Siendo Persistente*

Tus límites no son temporales; no puedes ir y venir sobre ellos. Sé coherente y mantente firme. Si vacila, le mostrará al vampiro de energía que no se toma en serio estas reglas. Volverá a las andadas manipulando y aprovechándose de ti. Al ser persistente, dejas claro a estos vampiros energéticos que no aceptarás más su comportamiento.

## *No te Sientas culpable*

Naturalmente, el vampiro de energía tratará de hacerte sentir culpable por poner límites. Incluso puede darte un ultimátum o utilizar otras tácticas de manipulación. Entienda que no hay nada malo en establecer límites. Simplemente te sientes culpable porque eres una persona cariñosa que no quiere herir a los demás y que quiere estar ahí para las personas que quieres. Sin embargo, no hay nada que puedas hacer por un vampiro de energía. Sólo te haces daño a ti mismo al ceder a su manipulación. Poner límites no significa cortar con alguien; simplemente te estás protegiendo. Si alguien no puede entender esto o respetar tus límites, deberías considerar si esta persona todavía tiene un lugar en tu vida.

Las personas que forman parte de tu vida deben levantarte, hacerte sentir cómodo y dejar que te sientas feliz y relajado. Los vampiros de energía sólo te alejarán de ti, dejándote fatigado y agotado. Ya sea en tu vida profesional o personal, debes proteger tu energía de estas personas. Aplica las estrategias mencionadas aquí y establece límites saludables para protegerte. Sin embargo, si estas estrategias no funcionan, deberías considerar seriamente cortar con estas personas.

Recuerda que nadie puede obligarte a hacer nada en contra de tu voluntad. Esta es tu vida, y tú eres quien tiene el control. Piensa en tu salud mental y en tu bienestar antes de decidir quién debe permanecer en tu vida y quién debe irse.

## Capítulo 6

## Como Lidiar con los Manipuladores

Lo ideal es que tu lugar de trabajo sea tu segundo hogar. Un lugar en el que construyes una carrera y trabajas con personas que antes eran desconocidas pero que ahora son tus compañeros de equipo. Tus compañeros de trabajo son las personas con las que pasas la mayor parte de tu tiempo. Algunas personas pasan más tiempo con sus compañeros de trabajo que con sus familias, por lo que normalmente quieren sentir que pueden confiar en estas personas y depender de ellas. Sin embargo, hay personas con las que te encuentras en el trabajo que te hacen sentir como si fueras a un campo de batalla cada día. Te agotan, te confunden y te hacen sentir impotente ante sus juegos mentales. Es muy común encontrarse con manipuladores en el lugar de trabajo. De hecho, muchos de ellos suelen ser ascendidos a puestos más altos. Los manipuladores no sólo son inteligentes, sino que también consiguen que las cosas se hagan, sin importar el coste o las repercusiones. A fin de cuentas, esto es lo que les importa a los superiores. No ven cómo las acciones de estas personas perjudican a los que les rodean. Sólo les importan los beneficios, así que no deberías esperar que la empresa u organización para la que trabajas te proteja de estas personas. Ciertas estrategias pueden ayudarte a lidiar con los manipuladores sin dejar que te afecten e impacten en tu salud mental.

## Cómo Lidiar con los Manipuladores en el Trabajo

### *Reconocer el Comportamiento Manipulador*

Una de las primeras cosas que debes hacer es reconocer el comportamiento manipulador. Los manipuladores son buenos en lo que hacen, por lo que es difícil reconocer sus tácticas inmediatamente. Si un compañero de trabajo se siente mal, te deja confundido o te sientes incómodo a su alrededor, entonces tal vez haya algo de lo que preocuparse. Evalúa la situación y su comportamiento para entender mejor a qué te enfrentas. ¿Mienten constantemente? ¿Son extremadamente persuasivos y pueden hacer que cualquiera haga lo que quiera? ¿Pueden influir fácilmente en las opiniones de los demás? Anote todo lo que le parezca "raro" en su comportamiento para ayudarle a tener una idea clara de lo que hace el manipulador.

Es esencial tener en cuenta que los manipuladores no muestran sus verdaderos colores o intenciones inmediatamente. Al principio pueden parecer extremadamente encantadores y amistosos. Puede que te sientas tentado a confiar en ellos, que es lo que todo manipulador quiere en primer lugar. Sin embargo, primero deberías fijarte en cómo tratan a tus otros compañeros de trabajo. Si te tratan amablemente pero intimidan a los demás, debes desconfiar de ellos. También deberías estar atento a lo que tus otros compañeros de trabajo dicen de ellos. Si eres nuevo en el lugar de trabajo, puede que no seas consciente del manipulador o de sus tácticas. Otras personas que llevan más tiempo allí pueden haber descubierto ya su comportamiento. Esto no quiere decir que deba escuchar los chismes de la oficina. Sin embargo, si más de unos pocos de tus compañeros de trabajo están de acuerdo en algo, debe haber algo de verdad. Es necesario ser consciente de las tácticas de los manipuladores. Te protegerá de caer en sus juegos.

### *Comprenda Sus Sentimientos*

Una vez que se dé cuenta de que es víctima de la manipulación, comience a evaluar sus sentimientos. ¿Cómo le han hecho sentir sus interacciones con el manipulador? Puede que te sientas diferente, pero no sabes cuál es el origen de tu problema. Al comprender que un factor externo, el manipulador, te hace sentir así, empiezas a asociar estos sentimientos con él y a tomar las medidas necesarias para ayudarte.

### *Confía en Tu Sistema de Apoyo*

Después de darse cuenta de que es víctima de la manipulación en el lugar de trabajo, probablemente se sentirá desanimado de ir al trabajo donde tendrá que tratar con su compañero, jefe o cliente manipulador. Confía en tu sistema de apoyo, ya sea tu familia, tu cónyuge, tus amigos o tu terapeuta. Cuéntales cómo te hace sentir el comportamiento del manipulador. Ellos le ofrecerán su apoyo y podrán aconsejarle sobre cómo tratar con esta persona.

### *Mantén la Guardia*

Nadie quiere trabajar con alguien en quien no pueda confiar y cuestionar constantemente sus intenciones. Sin embargo, los manipuladores están en todas partes y no puedes escapar de ellos. Por eso, cuando interactúes con ellos, mantén la guardia alta en todo momento. Esto puede ser agotador, pero es necesario protegerse del comportamiento tóxico del manipulador. Comprende que no puedes confiar en esta persona, así que ten cuidado con lo que le cuentas. No confíes en ellos ni reveles tus secretos o cualquier información personal. Evita también hablar o cotillear sobre tu jefe o cualquiera de tus otros compañeros de trabajo. Dicho esto, estas personas son profesionales y extremadamente inteligentes y pueden encontrar formas de conseguir que confíes en ellos y reveles cualquier información personal sobre ti. Recuerde que hablar con un manipulador es como hablar durante una investigación; cualquier cosa que diga será utilizada en su contra. Mantén la guardia alta en todo momento.

*Habla con Ellos*

A veces la mejor manera de arreglar una situación es ir a la fuente. Hay dos maneras de manejar esta situación. Como se ha mencionado, no todas las personas difíciles son conscientes de su comportamiento. En algunos casos, hablar con una persona difícil puede ser beneficioso, ya que le ayudará a ver el error en sus acciones. Sé respetuoso cuando te acerques a ellos y organiza una reunión en un lugar privado para que no se sientan emboscados. Asegúrate de ser sincero y explícale cómo sus acciones han afectado a tu productividad y a tu salud mental. Indica algunos incidentes en los que te hayas sentido manipulado o herido por sus acciones. Deja claro qué comportamiento no vas a aceptar más. Mantén la calma y no te enfrentes, no pierdas los nervios ni dejes que tus emociones te superen. Sugiere soluciones para que podáis trabajar juntos en paz.

Si la persona manipuladora es un narcisista o alguien consciente de lo que hace, hablar con ella será inútil. En este caso, tendrás que idear otra estrategia. A los manipuladores les encanta poder salirse con la suya mintiendo y engañando a los demás. Quítales el poder confrontando sus acciones en el acto. Esto puede coger al manipulador por sorpresa, ya que está acostumbrado a salirse con la suya, así que si se le llama la atención sobre su comportamiento le hará ver que sus tácticas ya no funcionan. También demuestra que estás dispuesto a enfrentarte a ellos. Tus otros compañeros de trabajo pueden sentirse inspirados por tu confianza y valor y enfrentarse al manipulador. Si el manipulador es tu jefe, aplicar esta estrategia puede ser un poco complicado.

### *Negarse a Participar en Sus Juegos*

Los manipuladores fingirán que eres su mejor amigo, la única persona en la que pueden confiar. Curiosamente, los secretos que comparten no son nada personales, sino que implican a tus otros compañeros de trabajo. Te contarán los fallos y debilidades de otras personas de la oficina. No te sientas halagado de que el manipulador te elija para compartir esta información. Los chismes son otra táctica de manipulación a la que recurren los manipuladores; no debes participar en ellos. Recuerda que hoy, el manipulador está cotilleando contigo; mañana, cotilleará sobre ti. Niégate a formar parte de este comportamiento tóxico y no consientas al manipulador. Debe tener una razón para elegirte con este tipo de información. Intenta comprender su intención preguntándole por qué te lo cuenta y qué quiere exactamente que hagas con esa información. Un manipulador tiene una razón para cada acción que realiza, que suele ser malintencionada.

### *Mantenga Sus Interacciones al Mínimo*

No les des la oportunidad de manipularte o de conseguir que digas algo que puedan utilizar en tu contra más adelante. Mantén tus interacciones al mínimo. No te sientas acogido cada vez que se pasen por tu mesa para charlar o cotillear. Diles siempre que estás ocupado.

### *Habla con Tus Superiores*

Aunque las personas manipuladoras suelen ocupar puestos de poder, no todos tus supervisores son manipuladores. Si lo intentas todo y siguen sin cambiar su forma de actuar, plantéate llevar el asunto a los superiores. Algunos manipuladores pueden ser matones y crear un ambiente inseguro en el lugar de trabajo. Ya no estás en el instituto y no deberías quedarte callado ante un comportamiento de acoso. El comportamiento del manipulador también puede afectar a tu moral y a la de otros compañeros de trabajo, lo que puede repercutir en la productividad de todos. Tu jefe debería estar al tanto de lo que ocurre en la empresa. Denuncia al manipulador a recursos humanos, envía una carta de queja formal o solicita una reunión con tu jefe para poder hablar con él de forma individual sobre el comportamiento del manipulador.

**Cuando Tu Jefe Es Manipulador**

No todas estas estrategias son adecuadas cuando el manipulador es tu supervisor o jefe. Lo primero que debes entender al tratar con tu jefe es que nadie debe faltarte al respeto, ni siquiera los que ocupan cargos superiores. Establece límites saludables para protegerte del comportamiento tóxico de tu jefe.

Limitar las interacciones puede ser difícil porque no puedes evitar a tu jefe ni decirle que estás ocupado. Sin embargo, puedes intentar ser menos accesible para ellos. Te ayudará observar a tu jefe y sus interacciones con tus otros compañeros de trabajo. La gente normal tiene la misma personalidad que los demás. Esto puede ser una táctica de manipulación si crees que tu jefe interactúa contigo de forma diferente. Mantén las distancias con ellos tanto como puedas manteniendo las cosas profesionales, no muestres ninguna emoción cuando interactúes con ellos y no te comuniques con ellos fuera del trabajo.

No permitas que tu jefe manipulador se aproveche de ti. Si te piden que hagas horas extra una o dos veces cuando hay mucha carga de trabajo, está bien. Sin embargo, si lo convierten en un hábito, entonces te están manipulando. Puede que te intimiden, amenacen o te hagan sentir culpable para que te quedes. En este caso, establecer límites saludables también será tu mejor opción. Diles con educación y calma que no podrás quedarte hasta tarde. Mantente firme y demuéstrales que vas en serio. Recuerda que se están entrometiendo en tu horario personal, así que puedes rechazar su petición sin dar explicaciones. Si tu jefe sigue haciendo peticiones poco razonables, deja claro que es inaceptable, pero sé inteligente. Enfréntate a ti mismo y pregúntale si su petición te parece razonable o justa. Pregúntales si se trata de una orden o si tienes la opción de elegir. Algunos jefes manipuladores pueden reconocer que su comportamiento no es aceptable y dejarte en paz. Sin embargo, si persisten, recuerda que el no es una sentencia completa.

**Cuando un Cliente es Manipulador**

Si trabaja con clientes, es posible que se haya encontrado con algunos que muestran un comportamiento manipulador. Lo que debe tener en cuenta es mantener la calma y la tranquilidad. No pierdas la calma y mantén el control de tu tono de voz y tu actitud, sobre todo cuando el cliente esté enfadado. A veces, el enfado de un cliente puede convertirse en insultos. Mantener la calma puede ser difícil pero necesario. No te tomes sus ataques como algo personal; céntrate en cómo puedes resolver su problema. Es posible que te encuentres con clientes con autoestima que gritan "¿sabes con quién estás hablando?" cada vez que no se salen con la suya. Reconozca su importancia y ofrézcales las opciones disponibles y lo que puede hacer por ellos.

**Cómo Lidiar con los Manipuladores en Tu Vida Personal**

Puede ser difícil aceptar que tienes amigos o familiares manipuladores. Sin embargo, dondequiera que vayas, te encontrarás con personas manipuladoras. Pueden ser tus padres, tu mejor amigo, tu vecino o la cajera del supermercado. Aprender a lidiar con estas personas puede proteger tu salud mental.

*No se Deje Llevar por las Emociones*

Interactuar con personas manipuladoras te ayudará a recordar que no se trata de individuos normales, así que será mejor que cuides tus reacciones. Los manipuladores te pondrán en situaciones en las que debas defenderte o explicarte. Esta es una táctica que utilizan para que te emociones. Cuando te emocionas, pierdes el control y tu poder, precisamente lo que quiere el manipulador. Esto puede ayudarles a descubrir tus puntos débiles y lo que puede agravar tu situación para poder utilizarlo después en tu contra. Puede ser difícil mantener la calma, sobre todo cuando un profesional, como un manipulador, presiona tus botones. Comprende que te están provocando a propósito para que tú parezcas el irracional, y ellos aparezcan como los fríos y tranquilos. No les des la oportunidad de meterse en tu piel, y ten en cuenta que están jugando. Esto no tiene nada que ver contigo; se trata de ellos y de sus problemas. Mantén la calma cuando te ataquen con palabras duras o te acusen de algo. Sin embargo, si ves que no puedes mantener la calma, excúsate y aléjate de ellos.

*Evite Disculparse*

Una clara señal de que está interactuando con un manipulador es que se disculpa constantemente. No hay nada malo en pedir perdón cuando se comete un error o se hieren los sentimientos de alguien. Sin embargo, cuando te disculpas constantemente, incluso cuando no has hecho nada malo, mientras la otra persona hace ver que no comete ningún error, es evidente que te están manipulando. Estas personas son profesionales a la hora de darle la vuelta a la tortilla y entrar en modo víctima cada vez que les llamas la atención sobre su comportamiento. Puedes ser tú el que esté enfadado, agraviado o molesto, pero acabas disculpándote por algo que no has hecho. Incluso puedes acabar disculpándote sólo para mantener la paz. Sin embargo, esto sólo empeorará las cosas y facilitará que el manipulador te controle. Evita disculparte cuando sepas que no has hecho nada malo. Mantente firme y fuerte, y deja claro que no vas a asumir la responsabilidad de algo que no has hecho. De este modo, le devuelves el poder al manipulador y le demuestras que ya no tiene el control.

*No se Enfrente a Ellos*

Ahora ya conoce las diferentes tácticas del manipulador. Si notas que te está mintiendo, tu primera reacción puede ser enfrentarte a él. Sin embargo, este no es el mejor enfoque cuando se trata de manipuladores. No te van a decir que están equivocados y que tú tienes razón, ni te van a pedir disculpas. Cuando se trata de lidiar con estas personas, debes involucrarte menos con ellas por el bien de tu bienestar y salud mental. Corregir su comportamiento sólo te frustrará y aumentará tus niveles de estrés y ansiedad. Te pondrás en una situación en la que muy probablemente perderás. No te molestes. Estas personas no cambiarán nunca; no vale la pena drenar tu energía.

### *No Tomes Decisiones Inmediatamente*

Una táctica común de los manipuladores es presionarte para que tomes decisiones en el momento. Esto les facilita influir en ti para que tomes la decisión que les beneficia a ellos en lugar de tomarte tu tiempo y tomar la decisión correcta para ti. Una vez más, recuerda que eres tú quien tiene el control y que nadie puede obligarte a hacer nada en contra de tu voluntad. Diles que necesitas tiempo para reflexionar. Por mucho que te presionen, no cedas. Esta es tu vida, así que toma las decisiones con las que te sientas cómodo y no permitas que el manipulador se salga con la suya.

### *Ten Cuidado con las Tácticas de Gaslighting*

Los manipuladores utilizan tácticas de gaslighting para hacer que te cuestiones a ti mismo y que pongas en duda tu realidad. Asegúrate de comunicar tu punto de vista con claridad y no les des la oportunidad de interrumpirte o de hablar por encima de ti. Explícales con calma que tienes que hacer valer tu punto de vista y que deben escucharte. Deja claro que confías en tus percepciones. Esto te situará en una posición de poder y mostrará al manipulador que eres tú quien tiene el control.

## Cómo Establecer Límites Saludables

### *Da Pasos de Bebé*

Si es la primera vez que pone límites, no empiece con muchos a la vez. Esto le confundirá y abrumará. El manipulador puede aprovecharse de tu confusión y violar tus límites o conseguir que hagas una excepción con él. Empieza con poco y tómate tu tiempo para reconocer cuáles son tus límites. Una vez que decidas qué comportamiento consideras aceptable y qué comportamiento no tolerarás, comunícaselo al manipulador con calma, pero de forma asertiva.

### *No se Culpe a Sí Mismo*

Una vez que empiece a reforzar sus límites, los manipuladores se lo tomarán como algo personal y le harán sentir que usted no está ahí para ellos. Como resultado, se culparán por haberlos molestado. Te ayudará a entender que tus límites no tienen que ver con ellos y que no pretenden hacer daño a nadie. Estableces límites para protegerte a ti mismo. Si alguien en tu vida lucha por entender eso y te hace sentir mal por respetarte a ti mismo, entonces tal vez deberías considerar tu relación con ellos.

### *Di que No*

Esto ya se ha mencionado varias veces, pero decir no es un arma extremadamente poderosa contra los manipuladores. Muchas personas sienten que deben disculparse por decir no o dar explicaciones. "No" es una palabra poderosa que se basta a sí misma y no requiere más explicaciones. Cuando te sientas incómodo con algo, simplemente di que no y nada más. Dar explicaciones permitirá al manipulador presionarle para que convierta el no en un sí. Recuerda que no le debes una explicación a nadie. El manipulador no aceptará la derrota. Será más persistente y tratará de encontrar formas de conseguir que usted haga lo que quiere. Sin embargo, mantente firme y no vaciles hasta que se rindan.

### *Despliega las Consecuencias*

Los manipuladores odian los límites y harán todo lo posible para violarlos o para que usted haga una excepción con ellos. La clave está en mantenerse firme, pero también hay que dejar claro que habrá consecuencias si se violan los límites. Las consecuencias muestran al manipulador que usted va en serio y que no tolerará ninguna falta de respeto a sus límites. Por ejemplo, acabas de romper con tu pareja y todavía estás dolido. Dejas claro a tus amigos y familiares que no quieres saber nada de tu ex. Sin embargo, un amigo tuyo que sigue a tu ex en Instagram no para de contarte todo sobre él: a dónde va, con quién sale, ... etc. Le has dejado claro más de una vez que no quieres hablar de este tema, y le has dicho a tu amigo que pare cada vez que empiece a hablar de tu ex, pero nada funciona. En este caso, demostrar claramente las consecuencias es tu mejor opción. Cada vez que tu amigo saque el tema de tu ex, levántate y vete. Puede que vayan a por ti o te acusen de exagerar, pero no cedas. Saben que este tema hiere tus sentimientos, pero aun así no les importa. O te llaman y se disculpan o, al menos, se enteran de que vas en serio con tus límites y dejan de sacar el tema de tu ex. Si no vuelven a llamarte después de esto, entonces no necesitas a alguien como ellos en tu vida. No debería haber espacio en tu vida para alguien que no respeta tus límites ni se preocupa por tus sentimientos.

Los manipuladores son individuos peligrosos, pero si aprendes las formas adecuadas de protegerte contra ellos, podrás tener interacciones con ellos sin que te afecten sus juegos mentales. Si lo intentas todo, pero nada funciona, deberías considerar mantener la distancia y limitar tus interacciones.

## Capítulo 7

## Como Lidiar con Personas Agresivas

Defenderte puede ser difícil si no estás acostumbrado a enfrentarte a un comportamiento agresivo. De hecho, el problema de ser pasivo es uno de los retos más comunes a los que se enfrenta la mayoría de la gente a diario. A menudo, ser demasiado amable y tímido nos pone en desventaja. Se aprovechan de nosotros porque no nos defendemos.

En este capítulo, aprenderás a protegerte si estás cansado de que te empujen las personas agresivas. Cuando alguien expresa su agresividad hacia ellos, muchas personas se sienten incómodas. Sin embargo, hay ocasiones en las que debemos ser igual de asertivos para evitar el peligro o el daño.

### Agresión en el Lugar de Trabajo

Cuando trabajas en un lugar durante mucho tiempo, es muy probable que, tarde o temprano, alguien ponga a prueba tu paciencia. En algún momento, es probable que te encuentres con una persona agresiva en el trabajo, ya sea un compañero, un jefe o incluso otro cliente.

Trabajar en el sector de los servicios es especialmente propenso a este tipo de comportamiento porque la gente tiende a bajar la guardia cuando está recibiendo algo de otra persona. Cuando trabajas en el servicio al cliente, a menudo te encuentras con personas groseras o agresivas. Desgraciadamente, esto va con el territorio. Por mucho que nos guste creer que todo el mundo es intrínsecamente bueno y amable, la verdad es que hay gente bastante desagradable. Esto puede ser especialmente cierto si su empresa trata con clientes con regularidad.

**Como Lidiar con Clientes Agresivos**

En cualquier trabajo en el que tengas que tratar con clientes, acabarás encontrando agresiones, ya sea de compañeros de trabajo o de clientes. Puede ser una experiencia muy aterradora si nunca has tratado con algo así antes. Puedes manejar fácilmente y con confianza a casi cualquier persona agresiva con los conocimientos y las técnicas adecuadas. Manejarlo con gracia mantendrá bajos tus niveles de estrés y te hará parecer más profesional y respetado entre tus colegas y el equipo directivo. Aquí tienes algunos consejos para tratar con personas agresivas, para que no vuelva a ocurrir pronto.

*Sé Educado y Comprensivo*

En primer lugar, debes ser educado pero no sumiso. Si alguien se muestra agresivo, no tienes por qué aguantar su comportamiento. Puedes seguir siendo educado y comprensivo, pero no estás obligado a aceptar su comportamiento. Puedes pedirles que se calmen, o pedirles que abandonen el local si se descontrolan demasiado, o incluso llamar a la policía si no se calman tras una advertencia. Ser demasiado educado con personas que están siendo groseras contigo no es un buen empleado; es ser un felpudo. Nunca dejes que nadie te pisotee.

*Aléjate de la Situación*

Si alguien está siendo agresivo con usted, no tiene que enfrentarse a él de frente. No es necesario que estés en la misma habitación, y mucho menos en el mismo espacio para respirar que ellos. Utiliza tus palabras, hazle saber que no estás interesado en continuar la conversación, y luego abandona la zona o termina la conversación por completo colgando el teléfono. Bloquea la voz del cliente y concéntrate en otra cosa. Respira y trata de relajarte, ya que esto puede ser difícil de hacer. Si eres capaz de poner distancia entre tú y el cliente, podrás calmarte más fácilmente. Cuanto más te involucres en la conversación, menos probable será que te calmes.

*Proporcione un Servicio de Atención al Cliente como de costumbre*

Una parte esencial del trato con un cliente agresivo es mantener la profesionalidad y proporcionar el servicio o la asistencia que han venido a buscar. Eso no significa que tengas que saltar a sus demandas o dejar que te pasen por encima. Mantén el contacto visual y hazles saber que estás escuchando lo que dicen, pero que su agresividad no es bienvenida en tu establecimiento. De hecho, probablemente deberías hacer todo lo posible por evitar mirar al cliente a los ojos, ya que esto puede ser visto como una confrontación.

*Establezca Límites*

Tienes derecho a poner límites si alguien se muestra demasiado agresivo contigo. No tienes que aceptar su comportamiento. No tienes que aceptar ningún tipo de abuso que estés recibiendo, ya sea verbal o físico. Puedes poner límites y asegurarte de que saben que no quieres que te maltraten. Puedes hacerlo explicando con calma al agresor que su comportamiento es inaceptable o incluso que no es bienvenido en la tienda o el local. No tienes por qué aguantar que nadie te trate mal.

*Escala la Situación si es Necesario*

Si has probado todo lo que hay en esta lista y la situación sigue sin calmarse, puede que tengas que escalar la situación. Si un cliente se pone agresivo contigo, no tienes por qué aguantarlo. Llama a seguridad, a tu jefe, a otro compañero de trabajo o a la policía si es necesario para que lo saquen del local. Sea cual sea el motivo, no tienes por qué aguantar que nadie te menosprecie. Si alguien se muestra demasiado agresivo, no dudes en pedir ayuda. No estás solo.

Aunque algunos clientes pueden ser muy agradables, otros no lo son tanto. Es posible que te encuentres con clientes agresivos con más frecuencia de lo que te gustaría. Sin embargo, debes saber cómo manejar estas situaciones. Nadie debería tener que lidiar con el mal día de otra persona. Mantén la calma, sé educado y ponte límites a ti mismo. No hay ninguna razón por la que debas aguantar el enfado de otra persona.

## Como Lidiar con Compañeros de Trabajo Agresivos

Trabajar en equipo a veces no es fácil. Las personas tienen personalidades diferentes y responden a las situaciones de distintas maneras. Cuando trabajas, es más que probable que estés rodeado de las mismas personas con regularidad, lo que significa que la dinámica puede volverse tensa si las tensiones aumentan. Sin embargo, es muy fácil superar situaciones complicadas con tus compañeros de trabajo si la dinámica del equipo es la adecuada. La clave está en identificar lo que está causando la tensión para poder tratarla activamente y no dejar que las cosas se agraven. Aquí tienes algunos consejos sobre cómo lidiar con compañeros de trabajo agresivos.

### *El Efecto Espectador es Real*

El fenómeno psicológico conocido como el efecto espectador es real y es algo que hay que entender cuando se trata de compañeros de trabajo agresivos. Se refiere al hecho de que las personas son menos propensas a intervenir si una situación se produce en público porque les preocupa cómo su participación podría afectar al resultado. Por eso, los entornos de trabajo que fomentan las relaciones sanas y la dinámica de equipo pueden ayudar a desescalar los enfrentamientos.

### *Entienda Por Qué La Gente Se Comporta De La Manera Que Lo Hace*

Intenta comprender por qué la gente se comporta de forma agresiva contigo. ¿Están de mal humor? ¿Están frustrados con su carga de trabajo? ¿Tienen alguna otra cosa en su vida que afecta a su estado de ánimo? Hacerte este tipo de preguntas puede ayudarte a responder a la situación de forma más eficaz. Aunque no debes dejar que los compañeros de trabajo agresivos te afecten, recuerda que no debes dejarte llevar por tus propias emociones y dejar que el agresor gane. Aunque un cierto grado de conflicto en el lugar de trabajo es normal, si se vuelve excesivo, puede causar un daño real a la productividad y a la moral.

*Establezca Límites y No Tenga Miedo de Usarlos*

A veces, los enfrentamientos son inevitables. Puedes hacer todo lo que esté en tu mano para evitarlos, pero a veces, simplemente tienes que enfrentarte a un compañero de trabajo agresivo de frente si crees que alguien está cruzando una línea; establece límites. No es necesario que seas agresivo a cambio, pero debes hacerles saber que lo que están haciendo es inaceptable. Aunque no quieras enardecer aún más la situación, tienes que hacer valer tus derechos para que el agresor entienda que su comportamiento es inapropiado y deje de hacerlo. Si la situación se agrava, siempre puedes denunciar el comportamiento del agresor a RRHH o a un directivo para que lo traten adecuadamente.

*Identifica las posibilidades de Solución con Tu Equipo*

Si un compañero de trabajo concreto te está causando problemas, puedes acercarte a él e intentar llegar a algún tipo de solución. Asegúrate de hacerlo con calma y respeto, para no empeorar la situación. Sin embargo, debes recordar que no todos los compañeros de trabajo agresivos responden cuando se les habla directamente. Esto sólo puede enfurecerlos aún más, y en ese caso, debes acudir a tu jefe o a Recursos Humanos lo antes posible para que puedan intervenir. Una vez que la situación se haya puesto en su conocimiento, pueden intentar mediar para encontrar una solución. Esto puede implicar el traslado del agresor a otro equipo o la celebración de una reunión con todos los empleados para intentar llegar a la raíz del problema.

Cuando se trabaja con un equipo, a veces las cosas pueden complicarse. Intenta entender por qué la gente se comporta de forma agresiva contigo y encuentra soluciones a la raíz del problema que no causen más daño. Si sientes que estás en una situación difícil con un compañero de trabajo agresivo, no dejes que te consuma. En lugar de eso, intenta encontrar la raíz del problema y abordarlo lo mejor que puedas. Ten en cuenta que no todos los enfrentamientos son malintencionados. Si te encuentras en una situación con emociones elevadas, intenta mantener la calma y afrontarla lo mejor que puedas.

**Como Lidiar con un Jefe Agresivo**

Trabajar para un jefe nunca es fácil. Suelen ser exigentes, tienen grandes expectativas y pueden hacer que tu vida como empleado sea muy difícil a veces. Ser el jefe significa que estás en una posición de autoridad sobre los demás empleados, lo que significa que no están obligados a escuchar nada de lo que dices ni a seguir tus consejos. Sin embargo, si tu jefe es tu colega, debes encontrar la manera de tratar con él de la forma más respetuosa posible. Puede que no sea fácil, pero es factible si sabes qué esperar de ellos y cómo será probablemente su actitud hacia ti. Sigue leyendo para saber más sobre cómo lidiar con un jefe agresivo y cómo puedes manejar la situación de la mejor manera posible para que no sea un ambiente tan estresante para todos los involucrados en el trabajo.

**Entender Por Qué Tu Jefe Es Tan Agresivo**

Si quieres lidiar con un jefe agresivo, primero debes intentar comprender por qué está siendo tan hostil contigo. Su comportamiento agresivo es probablemente el resultado de varios factores diferentes.

- Pueden estar bajo mucho estrés y presión en el trabajo, lo que hace que se desquiten con sus empleados
- Pueden tener muchos problemas en su vida personal que les hace estar de mal humor en el trabajo
- Pueden tener un tipo de personalidad que los hace más agresivos en general

Aunque ninguna de estas razones es una excusa válida, pueden ayudarte a afrontar el problema reconociendo que no es tu culpa. La empatía con los demás, independientemente de lo mal que te traten, puede ayudarte a ser mejor persona.

Sea cual sea el motivo de su comportamiento hacia ti, intenta comprenderlo para saber cómo responder a él. El primer paso para controlar a un jefe agresivo es entender por qué se comporta así. Si entiendes por qué se comporta de forma agresiva contigo, podrás encontrar formas de afrontar la situación que no impliquen que tú también seas agresivo con él.

### *Reconozca y Responda a los Activadores de Tu Jefe*

A veces, escapar de un jefe agresivo es una quimera. Así que, además de entender por qué tu jefe es agresivo, también tienes que reconocer sus desencadenantes para prevenir cualquier arrebato por su parte. Un desencadenante es básicamente lo que hace que tu jefe se vuelva agresivo contigo. Por ejemplo, si tu jefe se enfada mucho cada vez que algo va mal en la oficina, probablemente su desencadenante sea lo que está causando problemas en el trabajo. Si conoces los desencadenantes de tu jefe, podrás responder a ellos de forma adecuada. Por ejemplo, si se muestra agresivo porque algo en la oficina ha salido mal, lo mejor es solucionar el problema lo antes posible y evitar que se repita el mismo error.

### *Pida Explicaciones*

Si tu jefe está siendo agresivo sin razón aparente, es una buena idea pedirle explicaciones. Puede resultar difícil, pero es prudente hacerlo, y puede suponer una gran diferencia en la situación. Puede que encuentres una explicación perfectamente razonable detrás de cómo te trata tu jefe, en cuyo caso puedes hablar con él sobre ello. Si tu jefe está siendo agresivo porque lo comprendes y lo aceptas, te resultará más fácil pedirle que deje de comportarse así contigo. Además, le demostrarás que conoces su comportamiento y que no lo vas a tolerar.

### *Establecer y Hacer Cumplir los Límites*

Si trabajas para un jefe agresivo y has pedido explicaciones por su mal comportamiento y has intentado responder a sus desencadenantes, pero no ha servido de nada, entonces debes establecer y hacer cumplir los límites. No tiene sentido aguantar a un jefe agresivo que te trata mal y te pone en una situación muy estresante. En su lugar, debes establecer límites para dejar claro a tu jefe que no vas a aceptar la forma en que te está tratando. Cuando tu jefe rompa esos límites, tienes que hacerlos cumplir. Esto podría implicar hablar con tu jefe sobre los límites que has establecido con él, o podría implicar encontrar un nuevo trabajo si no eres capaz de hacerlo.

*Consigue el Apoyo de los Demás*

Ser el blanco de un jefe agresivo puede ser muy difícil y estresante. Sin embargo, es aún más difícil si estás solo para afrontar la situación. Busque el apoyo de otras personas a su alrededor, para no tener que pasar por esto solo. Busca formas de obtener el apoyo de tus colegas y de las personas que te rodean para que tengas gente con la que hablar y no tengas que enfrentarte a esto solo. Con su apoyo, te resultará más fácil lidiar con tu jefe agresivo, y también te resultará más fácil poner límites y hacerlos cumplir.

Si quieres lidiar con un jefe agresivo, debes tratar de entender por qué está siendo tan hostil contigo y responder a sus desencadenantes, pedir una explicación, establecer y hacer cumplir los límites y conseguir el apoyo de los demás. Teniendo esto en cuenta, es posible lidiar con un jefe agresivo y superar la situación con el mayor éxito posible.

## Como Lidiar con la Agresividad en la Vida

Todo el mundo tiene un mal día de vez en cuando, y puede ser difícil saber cómo reaccionar cuando alguien se muestra agresivo u hostil hacia ti. A menudo, las personas agresivas están lidiando con una confusión interna; puede que se sientan amenazadas por ti o que tengan alguna otra inseguridad que les lleve a arremeter.

Por eso, reaccionar con agresividad sólo empeorará las cosas; nadie gana en una discusión. Además, enfrentarse a una agresión puede ser intimidante, sobre todo si viene de un ser querido o de una situación social en la que no conoces a nadie. Pero sentirse intimidado por el comportamiento agresivo de alguien y dejar que te impida son dos cosas diferentes. Habrá personas que desafíen tus límites y quizás pongan a prueba cuánto puedes soportar y mantener la calma. Sin embargo, no hay por qué dejar que esa presión se apodere de ti. Tienes el poder de elegir cómo reaccionar ante la agresividad de otra persona, así que en lugar de retroceder ante un individuo agresivo, aquí tienes algunas formas de ayudarte a lidiar con ellos.

## *Mantener la Calma*

Algunas personas pueden ser agresivas porque están estresadas o ansiosas. Sentirse tranquilo y sereno hace que sea menos probable que te dejes arrastrar por las emociones de la otra persona. Esto significa que será menos probable que reacciones de forma agresiva y que podrás manejar la situación con más calma. Recuerda que, si estás tranquilo, es más probable que encuentres una solución que funcione para ambos.

## *No te lo Tomes como Algo Personal*

Esta es una de las cosas más importantes que hay que recordar cuando se trata de un agresor. Puedes tener la tentación de asumir que su ira va dirigida a ti. De hecho, puede que incluso te esfuerces en disculparte o explicarte. Pero lo último que quieres hacer es responsabilizarte de las emociones de otra persona. Aunque te sientas identificado con la causa del enfado de esa persona, no te corresponde a ti responsabilizarte de sus sentimientos. Cuando alguien es agresivo, realmente necesita una salida para sus sentimientos. Te hacen saber su malestar y no esperan necesariamente que lo arregles. Si puedes reconocer sus sentimientos sin responsabilizarte de ellos, puedes suavizar la situación y, con suerte, ponerle fin.

*Establecer Límites*

Recuerda siempre que debes establecer límites y saber cuándo te ponen en una situación en la que te sientes amenazado física o emocionalmente. Puede que te encuentres en una situación en la que alguien te grite o te menosprecie, y es fácil sentir que tienes que tomarlo como una señal de respeto. Pero no tienes por qué aguantar el comportamiento agresivo de otra persona, ni tienes por qué respetarlo. En su lugar, puedes establecer límites y recordar a la otra persona que su comportamiento no es apropiado.

*Menciona que Tienes una Reunión o Cita Pronto*

Si te encuentras en una situación en la que alguien está siendo agresivo, no necesitas quedarte en esa situación más tiempo del necesario. Si sientes que estás en una situación individual, puedes mencionar que tienes que ir a un lugar pronto. Esto te permitirá excusarte y terminar la conversación lo antes posible. Si la persona agresiva es alguien con quien trabajas o con quien tienes que volver a relacionarte, puedes seguir mencionando la cita y luego intentar cambiar la dinámica de la conversación.

## *Sé Directo y Asertivo*

A veces, cambiar la conversación hacia cómo te sientes y lo que puedes ayudar a difuminar una situación y quitarte la presión de encima. Sin embargo, ser demasiado pasivo y dejar que otra persona se salga con la suya porque tienes miedo a la confrontación o a defenderte puede empeorar las cosas. Si crees que necesitas ser más directo y asertivo, puedes decir lo que necesitas de la otra persona y centrarte en tus necesidades y deseos.

## *Sé Siempre Amable, pero No Te Dejes Acosar*

Cuando trates con alguien que está siendo agresivo, recuerda que no necesitas reaccionar de la misma manera. Puedes ser asertivo y directo a la vez que amable y empático con la otra persona. Al fin y al cabo, no hay ninguna razón por la que tengáis que estar enfrentados.

## *Hazte Valer sin Agresividad*

Recuerda que a las personas agresivas les encanta la confrontación. Quieren sacarte de quicio para sentirse mejor con ellos mismos. No es ningún secreto que lo mejor que puedes hacer en esta situación es evitar por completo la confrontación. Debes hacerte valer sin agresividad. Si respondes a la persona agresiva de la misma manera que te está respondiendo a ti, sólo estás echando más leña al fuego. Sin embargo, si respondes con calma y asertividad, te sentirás mejor contigo mismo. También será menos probable que crees un ambiente negativo.

Cuando alguien se muestra agresivo contigo, no es un reflejo de tu valía o de tu valor como persona. Por el contrario, es un indicio de que tiene algún tipo de problema que debe resolver; de lo contrario, no actuaría de esa manera. Así que, en lugar de tomártelo como algo personal, intenta darte cuenta de su comportamiento agresivo y busca formas de redirigir su atención hacia ti. Esto te permitirá centrarte en lo que tienes que hacer y no distraerte demasiado con la agresión de la otra persona.

Recuerda que no tienes que aguantar a las personas agresivas. Tienes el poder de cambiar las cosas para mejor si lo necesitas. Comunícate con claridad, hazte valer sin agresividad y cambia el entorno si puedes. Con estos consejos en mente, podrás lidiar con las personas agresivas de forma más eficaz.

## Capítulo 8

# Intentar Cambiar a las Personas Difíciles

¿Puede la gente cambiar? Esta es una pregunta que la mayoría de la gente se plantea. La respuesta sencilla es que sí; pueden hacerlo. Cada persona puede cambiar y mejorar. Probablemente has sido testigo de personas que han crecido, han dejado ciertos malos hábitos o comportamientos tóxicos, o incluso se han convertido en una versión completamente diferente pero mejor de sí mismos. Sin embargo, todavía hay personas que se mantienen firmes en su forma de ser, sin importar lo que les digas o lo que experimenten. Ni siquiera reconocen que hay algo malo en ellos que debe cambiar. La diferencia entre ambos es que alguien reconoce que su comportamiento perjudica a los demás y quiere ser y hacerlo mejor, mientras que otros se ven a sí mismos como las víctimas y que nada es culpa suya. Ellos ven que otras personas necesitan cambiar en sus mentes retorcidas, no ellos. Estas personas no tienen ayuda, y no hay nada que puedas hacer por ellas. Sin embargo, a los que están abiertos al cambio y quieren dejar de ser difíciles y crecer es a los que puedes echarles una mano.

## Cómo Ayudar a una Persona Difícil a Darse Cuenta de que Hay un Problema

Lo primero que hay que recordar es que el cambio tiene que ver con ellos, no contigo. Así que no fuerces tus opiniones o juicios; deja que recorran este camino a su propio ritmo. Comprende que no puedes ir y decirle a alguien que tiene que cambiar. Primero tienes que ayudarles a darse cuenta de que tienen un problema. Tanto si la persona difícil es un miembro de la familia, un amigo, un compañero de trabajo o un empleado, puedes sentarte con ellos y decirles cómo sus acciones afectan a los que les rodean. Mantén la calma y evita las acusaciones o los juicios. Si se trata de un compañero de trabajo o de un empleado, explíquele cómo su comportamiento perjudica a otras personas de la oficina y afecta a su productividad. Si se trata de alguien cercano a ti, dile que sabes que probablemente no es consciente, pero que sus acciones están perjudicando a los que le rodean. Abstente de utilizar un tono acusador con afirmaciones que empiecen por "eres un mentiroso" o "eres un matón". En su lugar, explica cómo te sentiste cuando mintieron "me sentí herido cuando me ocultaste la verdad". Esto puede abrir un diálogo sin hacer que la otra persona se sienta juzgada y que debe defenderse. De nuevo, no se trata de ti, pero tienes que iniciar el diálogo en algún lugar y explicar cómo su comportamiento es problemático.

A veces, puedes descubrir que la persona quiere cambiar, pero no sabe cómo o por dónde empezar. Cuando se trata de grandes cambios en la vida, a menudo encontrarás que muchas personas quieren hacer algo, pero les falta motivación. En lugar de darles consejos o utilizar clichés poco realistas, ayúdales a encontrar sus propias razones para cambiar. Cuando encuentran esas razones y se conectan con ellas, se vuelven ansiosos y motivados para mejorar.

Este es un territorio nuevo para esta persona, así que, naturalmente, puede acudir a ti en busca de ayuda y consejo. Antes de que te lances a ofrecerle un consejo, ten en cuenta que esta persona probablemente ha escuchado todo tipo de consejos antes, pero nada ha funcionado. En el fondo, puede que ya tenga la respuesta y sepa por qué tiene que cambiar. Tal vez sienta que sus acciones alejan a las personas que le importan o que pueden afectar a su carrera. Mantenga una conversación con ellos y comprenda por qué han decidido que ahora es el momento perfecto para cambiar o por qué creen que es necesario cambiar su comportamiento. Lo esencial es recordar que hay que hablar menos y escuchar más. Haz que sea un espacio seguro para que hablen hasta que lleguen a la conclusión de que tienen un problema y necesitan hacer algo al respecto.

## Cómo Impulsar el Cambio en una Persona Difícil

### *Averigüe si Quieren Cambiar*

Las personas sólo pueden cambiar si lo desean; de lo contrario, sólo perderás tu tiempo y energía. Averigua si quieren cambiar su comportamiento o no. Sé sincero y pregúntales si realmente quieren trabajar en su comportamiento y mejorar. Si están dispuestos a cambiar, entonces estarán encantados de mantener un diálogo abierto y productivo contigo. También debes observar su comportamiento para decidir si son sinceros a la hora de dar este paso. Por ejemplo, si son conscientes de sus acciones y deciden cambiar, sentirán remordimientos o se disculparán cada vez que vuelvan a su antiguo comportamiento. Esto significa que están haciendo un esfuerzo y que realmente quieren cambiar. Este paso es extremadamente crítico porque no puedes asumir que quieren cambiar o simplemente creer que deben cambiar sin conocer sus intenciones.

### *No Niegues Su Problema*

Al hablar de sus problemas, es posible que te sientas mal por ellos y te sientas inclinado a negar ciertos comportamientos con afirmaciones como "tu comportamiento no es tan malo" o "no todo el mundo está molesto por tus acciones". Efectivamente, no debes atacarlos ni juzgarlos, pero tampoco niegues su verdad. No les estás ayudando. Reconoce que tienen un problema y diles que pueden cambiar.

### **No Te Emociones**

### *Predicar con el Ejemplo*

Algunas personas que poseen rasgos tóxicos han aprendido este comportamiento de sus padres. No conocen otra forma de pedir las cosas sin manipular o dar luz de gas. Intenta ayudarles a ver que hay mejores maneras de manejar una situación. En otras palabras, predica con el ejemplo. Por ejemplo, si la persona difícil es su empleado o compañero de trabajo, ayúdele a ver cómo puede tratar a los demás con respeto y pedir favores sin recurrir a la manipulación o la intimidación.

### *Ayúdale a Ver que Tiene el Control*

Cuando las personas tienen el control, toman conciencia de su propia valía. Dejan de adoptar la mentalidad de víctima que tienen muchas personas difíciles. En lugar de culpar de todo a las personas de su vida o de culparte de sus reacciones negativas, empiezan a entender que pueden controlar sus emociones, sus circunstancias y su vida. Lo primero que deben entender estas personas es la importancia de tener el control. La mayoría de las personas difíciles se niegan a admitir sus errores o a pedir disculpas porque suelen encontrar la forma de culpar a los demás. Tener el control trae consigo la autoconciencia, ya que empiezan a darse cuenta de su comportamiento, puesto que ahora saben que nadie es responsable de sus acciones y reacciones más que ellos. Ayúdales a comprender el poder de tener el control cuando se trata de sus emociones. Muchas personas son esclavas de sus propias emociones, y las personas difíciles no son diferentes. Dejan que su ira, su negatividad o su inseguridad se apoderen de ellos. Sin embargo, cuando una persona llega a controlar sus propias emociones, se convierte en un individuo mentalmente fuerte que no se ve afectado por factores externos ni deja que los factores internos le controlen.

*Abstenerse de Criticar*

El cambio es un proceso largo que requiere tiempo y paciencia. Apoye en lugar de criticar, sobre todo cuando cometa errores o vuelva a las andadas. Puede tener la tentación de corregir su comportamiento, pero esto puede tener el efecto contrario, especialmente si esta persona es obstinada. Esto no significa que debas aprobar su comportamiento negativo, simplemente mantén tus reacciones y desaprobaciones bajo control.

*Ofrezca Su Ayuda*

Tanto si te lo piden como si no, hazles saber que quieres ayudarles. Puede que quieran tu ayuda, pero no sepan cómo pedirla. En lugar de ofrecer afirmaciones cliché como puedes hacer esto o estoy aquí para ti, que algunas personas pueden considerar condescendientes, ve directamente al grano. Pregúntales qué necesitan que hagas para ayudarles en este viaje. Esto no sólo les mostrará que te tomas en serio lo de ayudarles, sino que también les invitará a decirte lo que necesitan.

*Demuéstrales Que te Importa*

Ahora la persona difícil es consciente de cómo su comportamiento ha afectado a sus relaciones personales y profesionales. Puede que se sienta poco querida y sola. Asegúrate de hacerles saber que aún te preocupas por ellos y que harás lo que sea necesario para ayudarlos.

El cambio es un camino largo, y tú estarás con ellos en cada paso del camino.

## Las 4 C del Cambio

Las 4 C de la gestión del cambio son principios que fomentan la disciplina. Son teorías inspiradas en el pensamiento sistémico, la psicología, la ingeniería y las ciencias del comportamiento. Varios modelos asociados a estos principios dividen el proceso de cambio en varias etapas. Sea cual sea el modelo que elija para ayudar a la persona difícil de su vida, comprenda que todos tienen algo en común: el cambio no puede producirse de forma aislada. Por ejemplo, cuando se trata de una empresa u organización, el cambio afecta a todas y cada una de las personas, incluida la dirección. Aunque estos principios están asociados a la gestión, los individuos pueden aplicarlos para cambiar su comportamiento.

## Como Entender el Cambio

Has establecido que la persona difícil de tu vida está dispuesta a cambiar. La palabra cambio siempre se utiliza cuando alguien quiere mejorar. Sin embargo, ¿qué es el cambio? Para ayudarles a aprovechar los beneficios del cambio, primero deben entenderlo. Hay algunas cosas que deben tener en cuenta:

- Deben tener en cuenta el motivo que les lleva a tomar la decisión de cambiar. Volverán a caer rápidamente en sus viejas costumbres si no tienen razones de peso y un objetivo determinado que alcanzar.

- En la gestión del cambio, la gente se pregunta cómo puede beneficiarse una organización de ciertos cambios. Lo mismo puede aplicarse aquí. Puedes ayudar a la persona difícil a ver cómo el resultado de cambiar su comportamiento beneficiará a las personas de su vida y salvará también sus relaciones. Debe centrarse en el impacto positivo que este cambio tendrá en su familia, amigos, compañeros de trabajo, ... etc. Tomar conciencia de los beneficios de cambiar su comportamiento puede motivarles eficazmente a seguir adelante.

- Las personas difíciles en el lugar de trabajo pueden afectar a la salud mental y a la productividad de sus compañeros. Si la persona difícil es un jefe, su comportamiento tiene un efecto más poderoso que si se trata de un empleado. Nadie quiere tratar a diario con un jefe que sea narcisista o gaslighter. Sin duda, gastarán la mayor parte de su sueldo en terapia si lo hacen. Las personas que ocupan altos cargos deben entender que su comportamiento puede afectar a docenas o cientos de personas. Cuando cambien su forma de actuar, todas estas personas se verán afectadas positivamente por el nuevo y saludable comportamiento de su jefe.

- El último paso es que entiendan la estrategia que deben seguir para aplicar un cambio real en sus vidas y evitar volver a sus viejas costumbres.

Después de ayudarles a entender el poder que hay detrás del cambio, ayúdeles a ver lo que ocurrirá si no cambian su comportamiento. No sólo deben estar dispuestos a cambiar, sino que también deben estar insatisfechos con su antiguo comportamiento. Tienen que creer que el cambio es la mejor opción.

**Elaborar un Plan para el Cambio**

El cambio no es fácil, y uno no puede simplemente levantarse de la cama y decidir que lo hará mejor hoy. Sí, establecer intenciones es poderoso, pero sin un plan claro, no sabrán por dónde empezar. Recuerde que estas personas han actuado así durante años; algunas pueden haberlo hecho toda su vida. Necesitan un plan que les ayude a navegar por este nuevo territorio. El plan debe depender de su personalidad y de lo tóxicos que sean sus rasgos. Al igual que las organizaciones, cuando hacen planes para los proyectos de cambio, encontrará que cada organización aplica diferentes métodos; algunos son rígidos mientras que otros son flexibles.

Su plan debe incluir a las personas que les apoyarán en este proceso. Si se trata de su empleado, asegúrese de ofrecerle la ayuda que necesita, como asesoramiento si es necesario. Si se trata de un familiar o amigo, intente proporcionarle un sistema de apoyo y comprensión cuando vuelva a las andadas. También puede ser útil recurrir a expertos en esta etapa crítica. Si ves que tienen dificultades, no pueden comprometerse o no saben por dónde empezar, sugiéreles con calma que acudan a un terapeuta. También puedes investigar el tema para encontrar el mejor enfoque para ayudar a las personas difíciles a cambiar. Ayúdales a imaginar cómo se sentirán una vez que dejen de lado la toxicidad y la negatividad. Por ejemplo, un vampiro energético será capaz de soltar la negatividad que le consume, y las personas de su vida empezarán a sentirse relajadas a su alrededor en lugar de sentirse agotadas. No sólo están cambiando su comportamiento, sino toda su vida.

### Como Implementar el Cambio

Implementar el cambio es probablemente la "C" más importante de esta lista, ya que les ayudará a poner en práctica su plan. Uno de los métodos más eficaces es que la persona difícil sea consciente de los sentimientos de los demás y de cómo sus palabras y acciones pueden afectar a los que le rodean. Las personas difíciles a veces pueden prosperar en el caos y a menudo actúan como si no hubiera consecuencias para sus acciones. Ayúdales a entender y practicar la atención plena para que puedan estar presentes en el momento y ser conscientes de cómo su comportamiento afecta a los demás. Si pueden preocuparse por los demás y sentir simpatía, esta estrategia les hará pensar dos veces antes de decir o actuar de forma manipuladora. Sin embargo, esto no ocurrirá de inmediato. Como se ha dicho, es un camino muy largo, pero ser consciente es un primer paso eficaz.

### Como Comunicar el Cambio

Es probable que las personas que forman parte de la vida de la persona difícil hayan empezado a desconfiar de ella y de sus tácticas manipuladoras y su comportamiento tóxico. Deben comunicar su voluntad de cambiar a su familia, amigos y compañeros de trabajo. Varias formas pueden ayudar a hacerlo. Pueden seguir uno de los pasos de los 12 pasos de la recuperación y pedir perdón a los demás. Esto puede ser difícil para alguien que nunca se ha disculpado antes o ha admitido su culpa. Sin embargo, una disculpa puede ayudarles a enmendar las cosas y mostrar a las personas de su vida que se toman en serio el cambio. La mayoría de las personas en la vida de una persona difícil desconfiarán cuando esta persona cambie repentinamente, ya que creerán que se trata de otra táctica manipuladora. Comunicar el cambio y mostrarse arrepentido puede ayudar a los demás a ver que esta persona se toma en serio el cambio.

Recuerde que esto sólo funcionará si la persona quiere cambiar. Su deseo de dejar de lado sus viejas costumbres es su mayor motivación. Cuando alguien quiere ser mejor, trabajará en sí mismo y seguirá adelante incluso en los momentos en que vuelva a las andadas.

## Cómo Actúa Cada Personalidad Durante El Cambio

### *Narcisistas*

Es extremadamente difícil que un narcisista cambie; sin embargo, no es imposible. Dicho esto, deben estar dispuestos a cambiar, ser capaces de reconocer el patrón tóxico de su comportamiento, y ver cómo sus acciones están dañando a ellos y a otras personas en sus vidas. En este caso, requerirán terapia porque usted no podrá cambiar a un narcisista, ni ellos pueden cambiarse a sí mismos. Incluso con terapia, puede ser un reto cambiar a estas personas. Sin embargo, si tienen la capacidad, la intención y el deseo de crecer y están dispuestos a hacer un esfuerzo y comprometerse, un narcisista puede ser capaz de cambiar.

Cuando un narcisista está dispuesto a cambiar, lo notarás en su comportamiento. Comenzará a asumir la responsabilidad de sus acciones, lo que significa que ya no tiene miedo de ser vulnerable o admitir sus errores. Ya no se pondrán a la defensiva cuando los confrontes sobre su comportamiento. De hecho, serán receptivos a lo que usted diga. Descubrirá que se interesará por los demás en lugar de preocuparse sólo por sí mismo. Cuando vuelvan a las andadas, no dudarán en disculparse, y a diferencia de sus antiguas disculpas, esta vez serán sinceras.

*Gaslighters*

Los que se comportan así no lo eligen; muchos de ellos han aprendido este comportamiento de sus padres o de las personas a las que estuvieron expuestos cuando eran niños. Sin embargo, pueden cambiar, pero sólo si reconocen su patrón de comportamiento tóxico y trabajan sobre sí mismos para encontrar formas más saludables de interactuar con la gente. Una de las primeras señales de que un gaslighter está cambiando es que empieza a utilizar un vocabulario diferente. Tendrá cuidado cuando utilice un lenguaje hiriente o palabras que puedan distorsionar la realidad de sus víctimas. El gaslighter se lo pensará dos veces antes de tener peleas innecesarias sólo para poder jugar a las víctimas. Se dará cuenta de que tener una comunicación abierta es la mejor y más saludable opción.

*Personas Tóxicas*

Si las personas tóxicas pueden ver el error en sus formas, pueden cambiar absolutamente su comportamiento. Hay una razón muy arraigada para que una persona tóxica sea como es. Una vez que lo descubran, probablemente a través de la terapia, podrás ver un cambio en su comportamiento. Empezarán a responsabilizarse de cómo tratan a los demás en las relaciones.

*Personas Agresivas*

Cuando una persona agresiva empiece a cambiar, se tranquilizará bajando la voz cuando hable o discuta y manteniendo el contacto visual en lugar de mirar fijamente. Encontrará formas más tranquilas y sanas de expresarse durante los desacuerdos en lugar de recurrir a la ira.

*Vampiros de Energía*

No es fácil que los vampiros de energía cambien. Sin embargo, cuando lo hagan, notarán que se agotan menos cuando están cerca de ellos. Serán más conscientes de su negatividad y vigilarán su comportamiento de queja y modo víctima. Te escucharán cuando tengas un problema y podrán celebrar tus éxitos.

*Manipuladores*

Los manipuladores dependen de las mentiras y los juegos mentales para ejercer el control sobre los demás. Por eso, cuando reconocen su comportamiento malsano y lo perjudicial que es, es una fuerte señal de que quieren cambiar. Como muchos individuos manipuladores son inseguros, comenzarán a trabajar en su autoestima con la esperanza de poder ser mejores. En lugar de poner a prueba y violar los límites, serán más respetuosos con el espacio personal de los demás.

Es importante tener en cuenta que no es fácil cambiar a las personas difíciles, y hay que aceptar el hecho de que algunas personas nunca cambiarán, por mucho que se quiera. Tienen que reconocer el patrón de su comportamiento y tomar la decisión de que ya es suficiente.

Sin embargo, si no quieren cambiar o reconocer su defecto, no pierdas tu tiempo ni tu energía con ellos.

Sé paciente y comprensivo mientras emprenden este largo y duro camino. El cambio no es lineal. Habrá altibajos, momentos en los que volverán a las andadas, lucharán o incluso se rendirán. Sin embargo, su voluntad de cambiar les ayudará bastante.

# Capítulo 9

# Manejo de Conflictos

Al final de este capítulo, entenderás la diferencia entre conflicto y competencia. Descubrirá por qué los conflictos sanos pueden ser beneficiosos y cómo gestionarlos eficazmente. Exploraremos por qué las técnicas normales de gestión de conflictos rara vez funcionan con personas difíciles. Por último, encontrarás algunos consejos que te ayudarán a suavizar los conflictos con ese tipo de personas.

**¿Qué Es El Conflicto?**

¿Qué le viene a la mente cuando escucha la palabra conflicto? ¿Es la imagen de dos personas peleando? ¿Una de ellas está enfadada? ¿Hay violencia o abuso verbal de por medio? Sea lo que sea en lo que estés pensando, probablemente no sea bueno. ¿Qué bien puede salir de una discusión, verdad?

Lo que quizá no sepas es que los conflictos no son necesariamente horribles. Sí, los desacuerdos pueden ser incómodos, pero no tienen por qué ser malos.

Los conflictos tienen que ver con las percepciones y con cómo vemos las cosas. Como sólo existen cuando se reconocen, los conflictos tienen tanto poder como nosotros les concedamos. Supongamos que te metes en una discusión acalorada sobre las monedas digitales con tu amigo X. La frustración empieza a hervir cuando intentas explicar por qué las criptodivisas establecidas no son una estafa. Sin embargo, al cabo de un rato te alejas sin que te afecte, y tu irritación acaba por calmarse. Tú y X salís a tomar un café más tarde ese mismo día y no volvéis a plantear la cuestión. O bien habéis acordado finalmente no estar de acuerdo o simplemente os habéis olvidado del tema. En ese caso no hay conflicto. Sin embargo, si uno de los dos se aleja sin sentirse escuchado o totalmente convencido de que la otra persona está equivocada, insistiendo en que debe cambiar su opinión sobre las monedas digitales, entonces se produciría un conflicto.

La palabra competencia sería una forma más apropiada de describir la situación entre tú y X. La gente suele confundir los conceptos de conflicto y competencia, sin darse cuenta de que no son exactamente intercambiables. La competencia es una disputa entre dos entidades por un determinado resultado. Cuando hay una competición, hay ganadores y perdedores. Tal vez quieras convencer a un tercer amigo de que invierta en criptodivisas mientras X le insta a que opere con acciones. Usted sería el ganador si convenciera a su amigo de que las monedas digitales son activos prometedores. Si tu X los ahuyenta, tú serías el perdedor en esa situación. Independientemente de dónde decida invertir su dinero el tercer amigo, tú y X podéis encogeros de hombros.

## Conflicto vs. Competencia

Los conflictos estallan cuando dos personas no sólo están en desacuerdo, sino cuando sienten que la opinión de la otra entidad afectará negativamente al resultado. X puede sentir que su amigo perderá su dinero si invierte en monedas digitales. Puede pensar que el valor de las monedas digitales volverá a subir, por lo que su amigo se arrepentirá de haber perdido esta oportunidad si hace caso a X.

Tanto las competencias como los conflictos son muy comunes también en el entorno laboral. Digamos que X quiere destinar la mayor parte del presupuesto de marketing al marketing en buscadores, mientras que Y piensa que el marketing por correo electrónico sería más eficaz. Si la estrategia de X se aprueba y la empresa la pone en práctica, e Y no la hace suya, se trata de una situación de competencia. X e Y propondrán ideas diferentes y volverán a competir cuando llegue el momento de lanzar la siguiente campaña. Supongamos, sin embargo, que Y cree firmemente que la estrategia de X no ayudará a la empresa a alcanzar su objetivo, por lo que se llevará por delante el presupuesto de marketing. En ese caso, hará cualquier cosa para impedir que X siga adelante con su plan. X hará lo mismo con Y.

## Por Qué Un Conflicto Sano Es Beneficioso

Las competiciones sanas pueden ayudar a mantener un ambiente de trabajo animado. Los conflictos, sin embargo, pueden ser perjudiciales para la empresa. La organización perderá su sentido de la cohesión, y cada equipo se centrará en un objetivo separado. Esto hace que todos pierdan de vista el panorama general. Todo el mundo se obsesiona con ganar hasta el punto de dejar de preocuparse por otros objetivos de la organización. Los conflictos dan lugar a un juicio distorsionado porque todo el mundo se ve atrapado en el intento de demostrar un punto. Los equipos dejan de cooperar, y el equipo perdedor acaba sintiéndose desanimado y sin ganas de volver a trabajar con el mismo espíritu.

En cambio, cuando se gestionan bien, los conflictos pueden ser inspiradores y pueden instigar la creatividad. Los conflictos saludables son motivadores y ayudan a mantener altos niveles de energía. Hacen que la gente se oriente hacia la tarea y promueven la unidad y la cohesión. Cuando los conflictos se manejan adecuadamente, impulsan discusiones racionales y ordenadas.

Si se hojea cualquier libro de texto de gestión antiguo, se encontrará que se pensaba que los conflictos eran destructivos para la organización. Se instaba a los directivos a evitar los desacuerdos a toda costa, lo cual no es realista. Los desacuerdos y los conflictos son inevitables. La forma de afrontarlos es lo que marca la diferencia.

La visión interaccionista y moderna de los conflictos anima a los directivos a aceptarlos y reconocer su existencia. No sólo eso, sino que esta visión enseña a los directivos que un lugar de trabajo que carece de conflictos saludables carece de armonía, cohesión y cooperación. Una organización sin desacuerdos siempre será estática. Las empresas responden al cambio cuando un equipo o un miembro contrario sugiere una forma más innovadora de hacer las cosas. Así es como se despiertan la creatividad y el avance.

## Cómo Gestionar los Conflictos

**Aceptarlo:** Cuando surge un conflicto, el instinto de la mayoría de las personas es tratar de encontrar la manera de combatirlo o apagarlo inmediatamente. Esto sólo empeora la situación porque los conflictos son inevitables. Tu única opción es entender que los desacuerdos son una parte normal de toda relación y organización. Así que, en lugar de intentar disiparlos, debe aspirar a gestionarlos. Cuando estalle un conflicto, sepa que es una llamada al cambio. Hay algo que puedes hacer mejor. Es una oportunidad para crecer y comunicarse mejor. Para resolver el conflicto, primero debes abordarlo adecuadamente.

**No Eches Leña al Fuego:** Tu respuesta al conflicto es la que guía la dirección que tomará. Puedes intensificar o desescalar el problema. Para ello, tendrás que tomar el camino correcto y dejar de lado tus prejuicios. Acércate con una perspectiva neutral y objetiva. Tu objetivo ha pasado de demostrar que tienes razón a cooperar con la otra entidad para llegar a un acuerdo o resolución.

**Sé un Oyente Activo:** Asegúrate de escuchar y reflexionar sobre las palabras de la otra parte. Esto hará que se sientan escuchados y respetados y te permitirá dar una respuesta acertada.

**Comunícate con Claridad:** Comprende cómo te sientes y señala el problema principal. Pregúntate cómo te afecta este conflicto y descríbelo.

Supongamos que ha estallado un conflicto entre tú y tu amigo porque te ha avergonzado públicamente. Cuando te enfadaste, te acusaron de exagerar. Esto es lo que puedes decirle a tu amigo:

Me sentí frustrada (menciona cómo te sentiste/sentiste fuertemente) cuando bromeaste sobre mi apariencia (menciona una descripción general de lo que hicieron/ suelen hacer) porque sabes que soy insegura sobre mi cuerpo (explica cómo te impacta o las consecuencias que siguen/seguimos). Me gustaría que dejaras de hacer comentarios sobre mi aspecto, aunque no lo hagas con mala intención (explica qué te gustaría hacer para evitar que este problema vuelva a ocurrir).

**Analizar la Situación:** Evaluar el conflicto puede ayudarte a identificar el problema principal. Piensa en los desencadenantes que han llevado al conflicto y determina con quién estás enfadado. ¿Qué es lo que quieres sacar de esta situación? ¿Hay algo que temes perder? ¿Se ha desbordado el conflicto? ¿Estás exagerando o tu enfado está justificado? ¿Cómo se puede resolver este conflicto?

**Mantén un Lenguaje Neutral:** Es posible que te veas obligado a expresar tu frustración utilizando un lenguaje intenso o fuerte. También debes esperar que la otra parte utilice un lenguaje incendiario o profano. Recuerda que esto sólo alimentará el conflicto. Tómate el tiempo de pensar antes de hablar. Cambia las palabras incendiarias por otras más neutras. Mantén tus emociones a raya y sólo di cosas que te ayuden a contener la situación.

**No Vincules el Conflicto a la Persona:** Es fácil generar emociones negativas hacia una persona si estás en desacuerdo con ella. Aunque puede ser un reto, debes practicar para separar a la persona de ese comportamiento o acción particular que te molesta. Todos cometemos errores y todos tenemos rasgos indeseables. Sin embargo, estas cosas no nos definen. Abordar el conflicto por sí mismo puede evitar que te pongas en contra de toda la persona a causa de una situación. Esto puede ayudarte a gestionar el problema de forma más objetiva y eficaz.

**Colabora con Ellos:** Evita culpar a la otra persona y hazte responsable de tus errores. Esto puede animar a la otra persona a hacer lo mismo. Una vez que estéis de acuerdo en que ambos tenéis la culpa, podréis trabajar juntos para llegar a una solución.

**Acuerda no Estar de Acuerdo:** No todo el mundo tiene que ver todo como tú. Todos tenemos opiniones diferentes sobre diversos aspectos de la vida. Conseguir que los demás vean las cosas como nosotros no siempre será posible. En lugar de intentar demostrar tu punto de vista, intenta acordar el desacuerdo. Una vez que el conflicto sea más manejable, puedes decir: "parece que no vamos a coincidir, y está bien. Vamos a consultarlo con la almohada".

**No te Quedes Anclado en el Pasado:** ¿Sabes que de repente te acuerdas de todo lo que te disgusta de una persona en cuanto te metes en una discusión? Esto sólo puede complicar las cosas y desencadenar una reacción exagerada ante el problema actual. En lugar de actuar en función del conflicto actual, tomas medidas basadas en los comportamientos pasados de esa persona. Por eso debes evitar pensar en lo que ocurrió en el pasado y ocuparte de formular un plan para abordar el problema. Asegúrate de que este plan esté orientado al futuro y tenga en cuenta situaciones similares que puedan surgir en el futuro.

**No te Preocupes por las Posiciones:** Las posiciones son el resultado que quieres obtener de un conflicto. Estos resultados suelen estar provocados por la ira y la frustración. Por ejemplo, si te peleas con tu compañero de piso, tu posición puede ser "me voy a mudar" o "voy a empezar a buscar un nuevo compañero de piso". Darle a estos pensamientos gran parte de tu espacio mental puede hacer que actúes de forma impulsiva, lo que rara vez acaba bien. Recuérdate a ti mismo que las posturas nunca son opciones válidas y que sólo son meras respuestas a tu enfado temporal.

**Explora el Porqué:** En lugar de actuar según tu postura, explora y comparte el porqué de la misma. Quizás quieras un nuevo compañero de piso porque quieres un espacio limpio, tranquilo y relajante. Por otro lado, tu compañero de piso puede estar frustrado contigo porque quiere divertirse en el lugar donde vive y desearía que respetaras y reconocieras sus intereses. Está claro que ambos tenéis valores, prioridades y estilos de vida diferentes. En ese caso, hablar de estas cosas es crucial para gestionar el conflicto. Aunque ahora mismo parezca imposible, puede que te sorprenda descubrir que has sido capaz de llegar a un compromiso mediante una sana discusión.

**Piensa Fuera de la Caja:** Tendrás que pensar con originalidad para encontrar una solución que satisfaga a todas las partes. No hace falta que vayas a buscar un apartamento o que empieces a aceptar solicitudes para un nuevo compañero de piso. Si a tu amigo le gusta invitar a gente a casa, puedes conseguir que acepte hacerlo los días que tú estudias en la biblioteca. Si, por ejemplo, tienes un examen los martes, pídeles que no jueguen a los videojuegos a todo volumen los lunes, para que puedas estudiar.

**Sé Muy Específico:** Para evitar situaciones similares en el futuro, asegúrate de que tu solución es muy específica. Por ejemplo, establece días fijos para invitar a los amigos, jugar a los videojuegos, estudiar en la biblioteca, hacer las tareas domésticas, etc., de modo que no te arriesgues a la falta de comunicación y a las confusiones. Escribe tu acuerdo y crea un calendario para no dejar lugar a la ambigüedad.

**Que Quede Entre Ambos:** Puede que sientas la necesidad de desahogarte con tu amigo sobre el hecho de que "no soportas a tu compañero de piso". Ten en cuenta que se corre la voz y los rumores se propagan rápidamente. Ya estás en conflicto con esa persona, así que no te arriesgues a hacer algo que pueda empeorar la situación.

## Conflictos y Personas Difíciles

Estas técnicas pueden ayudar a disolver cualquier conflicto con el individuo medio. Sin embargo, si está tratando con una persona difícil, es probable que sus esfuerzos terminen en vano, y aquí le explicamos por qué:

Tienen poca capacidad de comunicación. Si estás tratando con una persona difícil, es probable que no puedas hablar o expresarte. Siempre hablará por encima de ti y hará todo lo que esté en su mano para que el problema gire en torno a ella. Incluso si consigues decir una palabra, probablemente no escucharán lo que dices. Las personas difíciles suelen ser groseras y pasivo-agresivas. Suelen irse por las ramas, lo que dificulta centrarse en el asunto que se está tratando. No son directos y te dejarán confundido. Es probable que salgas de la conversación sintiéndote peor que al principio.

No tienen empatía. Las personas difíciles carecen de compasión y empatía. Son egocéntricos, lo que significa que no se preocupan por ti a menos que sirvas a sus intereses. No son emocionalmente inteligentes, por lo que no son sensibles a los sentimientos de los demás. No tienen en cuenta ninguna circunstancia, por lo que se les considera de corazón frío.

Son muy críticos. Estas personas tienden a ser muy críticas, por lo que puede ser difícil estar cerca de ellas. Da la sensación de que nunca serás capaz de cumplir sus expectativas hagas lo que hagas. Suelen hacer comentarios sarcásticos que hieren más a sus allegados.

**Cómo Saber Si Está En Conflicto Con Una Persona Difícil**

Tienes que saber si estás tratando con una persona difícil para determinar el curso de acción que debes tomar en un desacuerdo. Estos son algunos signos de que estás en conflicto con un individuo difícil:

- Es su camino o la carretera.
- No les importa insultarte o menospreciarte porque tengas una opinión diferente.
- Siempre tienen una excusa o respuesta para cualquier cosa que digas.
- No tienen ningún o muy poco control sobre sus emociones.
- Notas que la gente trata de evitarlos, sobre todo cuando el conflicto es inminente, a toda costa.

- Tienen tendencias tóxicas. Por ejemplo, son mandones y quisquillosos, o provocan chismes.
- Te hacen dudar de todas tus palabras y acciones, por muy seguro que estés.
- Son codependientes, controladores o excesivamente celosos.
- Te hacen sentir incómodo cuando están cerca.
- Se comportan de forma diferente en público y en privado.
- No te incluyen en las discusiones importantes.

*No Dejes Que Te Afecten*

Tratar con una persona difícil, especialmente durante los conflictos, puede afectar negativamente a tu salud emocional y mental. Por eso debes tomar las medidas necesarias para que no afecten a tu bienestar general. He aquí algunas cosas que puedes hacer para protegerte de las personas tóxicas:

**Sé Consciente de Tus Reacciones:** Observa cómo te hacen sentir las acciones y comportamientos de esta persona. Nombra tus emociones. ¿Te hacen sentir enojado, herido, ignorado o pequeño? Tomarse un momento para notar cómo se siente puede evitar que reaccione impulsivamente. Es conveniente evitar explotar delante de una persona difícil porque le echará en cara todo lo que haga o diga.

**Mantén la Calma:** Las personas difíciles te frustran intencionadamente para desencadenar una reacción indeseable por tu parte y así poder acusarte de exagerar o ser demasiado sensible. Si tu enfado empieza a ser intenso, centra tu atención en la respiración o busca otra distracción para mantener la calma. Si es posible, aléjate de la conversación para reponerte.

**Trabaja en Ti Mismo:** Incluso si la persona con la que estás tratando está siendo difícil, tómate un momento para pensar en tu reacción. ¿Son exagerados tus sentimientos hacia el problema? Tal vez ya estés frustrado por otros aspectos de tu vida. Quizás algunas de las acciones de esa persona te recuerdan tus defectos. Al manejar el conflicto, debes despersonalizar y deconstruir la situación.

### Gestionar el Conflicto con una Persona Difícil

**Escuche lo Que Tienen Que Decir:** Las personas difíciles quieren principalmente ser escuchadas, reconocidas y comprendidas. Tómate el tiempo necesario para escuchar lo que tienen que decir y reflexionar sobre ello. Esto no debería ser demasiado difícil, teniendo en cuenta que probablemente sientas curiosidad por saber por qué te están haciendo la vida más difícil de lo que debería. Si están tristes, evita trivializar sus sentimientos. En su lugar, valídalos.

**Ponte en Su Lugar:** Camina una milla en sus zapatos: Puede que esto sea lo último que quieras hacer; sin embargo, ayuda a conocer su cerebro. Piensa en ello como un pequeño experimento divertido. ¿Por qué lo pasarías mal si fueras esa persona? ¿Qué le motivaría a comportarse como lo hace? ¿Hay algo que justifique tus acciones desagradables? Ten en cuenta que no tienes que estar necesariamente de acuerdo con esa persona sólo porque intentes ver las cosas a su manera. Tú tienes algunas cosas que ellos no tienen: compasión e inteligencia emocional, así que utilízalas. Ponerte en su lugar puede arrojar luz sobre su situación y quizás te haga sentir empatía hacia ellos. Incluso si ellos no hacen lo mismo, esto puede acercarte a una comunicación significativa.

**Trabaja para Llegar a un Punto Medio:** Tienes que trabajar juntos para encontrar un compromiso. Para ello, ambos tienen que abrirse a sus intereses y necesidades. Sólo entonces podrás formular un acuerdo que sirva a cada uno de vosotros. No es necesario que la otra persona sea compasiva para que esto funcione. Mientras haya comprensión mutua y fuertes límites personales, tendrás éxito.

**Déjate Llevar:** No es necesario que te pongas muy serio y tenso durante la discusión. Sí, son difíciles de tratar, pero esa es una razón más convincente para soltarse. Bromear o utilizar el humor puede ayudar a aliviar la situación y disipar la tensión.

**Practicar Hace la Perfección:** Discutir con una persona difícil puede ser bastante intimidante. Es útil preparar lo que quieres decir para poder practicarlo de antemano. Si es necesario, puedes considerar la posibilidad de apuntarte a sesiones de coaching.

**Aléjate:** Aléjate de la conversación si lo intentas todo y todo falla. A veces, la situación no merece todo el esfuerzo y la angustia. Si te cuesta lidiar con ellos, excúsate de la discusión.

**Planifícalo:** Las personas difíciles son vampiros de energía. Tienes que ponerte en primer lugar, aunque quieras resolver el conflicto. Planifica la conversación antes de que se produzca. Haz otros compromisos después, para limitar el tiempo que pasas cerca de ellos. Si te reúnes en persona, asegúrate de hacerlo en un espacio público y neutral. Si es posible, pide a alguien de confianza que te acompañe. Esta persona se dará cuenta cuando la conversación se vuelva demasiado abrumadora para ti y podrá intervenir para amortiguar la interacción. Si la conversación no va como estaba previsto, tu amigo o familiar puede ayudarte a alejarte antes de que las cosas empeoren.

**Prioriza el Autocuidado:** Estar cerca de una persona difícil puede drenar tu energía incluso cuando no lo notas. Esas personas desprenden energía negativa, lo que hace que te sientas agotado y exhausto después de relacionarte con ellas. Si tienes que tratar con ellos con frecuencia o estás en conflicto con ellos, asegúrate de tomarte un tiempo de calidad para ti. Salga a dar un paseo por la naturaleza, lea un libro, tome un baño de burbujas o haga cualquier actividad que le ayude a tranquilizarse. El autocuidado te permite ganar claridad y poner las cosas en perspectiva. Asegúrate de estar bien descansado emocional, mental y físicamente. De lo contrario, no podrás encontrar una solución a tu conflicto. Recuerda que no puedes servir de una taza vacía.

Si das el primer paso hacia el cambio en un conflicto, la otra persona responderá en consecuencia. Trabajar en ti mismo y en tu mentalidad es una forma segura de hacer que las cosas vayan en la dirección que deseas. Se necesitan dos personas para provocar y mantener un conflicto. Cuando trates con una persona difícil, recuerda tomarte un momento para reflexionar. Pregúntate por qué te afectan sus acciones y busca una manera de lidiar con su comportamiento a partir de ahí.

## Conclusión

El primer paso para tratar con personas difíciles es identificar su tipo. Porque, aunque la mayoría de los tipos presentan un cierto número de rasgos comunes, la forma en que se desarrollaron puede diferir ligeramente, lo que afecta a la forma en que debes manejarlos. Este libro le ha presentado los seis tipos comunes de personalidades perturbadoras: el narcisista, el gaslighter, la persona tóxica, la persona agresiva, el vampiro de energía y el manipulador. Cuando se trata de su enfoque para desgastar al objetivo, cada uno de estos tipos tiene una agenda ligeramente diferente. Por ejemplo, el manipulador utilizará mensajes sutiles para tomar el control del objetivo. Mientras que una persona agresiva se basa en una muestra asertiva de poder, queriendo establecer su dominio. Así que es lógico que la forma de desviar sus intentos también sea diferente.

El gaslighting es una de las formas más encubiertas de comportamiento perturbador. Implica todo, desde la mentira hasta el control del entorno, pasando por hacerte cuestionar tus propias creencias. Y lo harán sin que sepas lo que está pasando. Igualmente, insidioso, el trabajo de los manipuladores también se basa en el envío de mensajes sutiles, aunque de una forma aún más atroz. No sólo pueden hacer que pienses y actúes de una manera determinada, sino que además acabarás creyendo que fue tu idea hacerlo en primer lugar.

Las personas tóxicas se presentan en todas las formas, y te dejan una variedad de mensajes contradictorios. Dirán que te necesitan, pero se quejarán de tu comportamiento cuando estés cerca de ellos. Te menospreciarán mientras se presentan como víctimas en cualquier situación. Las personas tóxicas también pueden drenar tu energía, pero no tanto como los vampiros energéticos. Estas personas son los maestros de la queja y son implacables a la hora de perseguir a quien puede derramar su alma. Con ellos en tu vida, debes estar preparado para darlo todo todo el tiempo sin recibir nada a cambio.

Para los narcisistas, todo gira en torno a lo que quieren, y lo quieren todo. Nunca podrás darles suficiente atención, por mucho que lo intentes. Y puedes olvidarte de que te presten atención. Las personas agresivas también exigen atención, aunque tienen una estrategia ligeramente diferente. Siempre expresan su opinión, tanto si quieres oírla como si no, y la enfatizan aún más con su tono, sus gestos y su lenguaje corporal.

Independientemente de lo perturbadores e irracionales que sean sus pensamientos y comportamientos, la mayoría de las personas difíciles pueden cambiar. Sólo es cuestión de que quieran hacerlo o no. Si estás lidiando con el comportamiento desafiante de una persona cercana a ti, es posible que puedas persuadirla de que busque el cambio. Tenga en cuenta que, para mejorar, puede necesitar ayuda profesional. Dicho esto, el apoyo de sus seres queridos puede motivarles a dejar atrás sus antiguas creencias y acciones y desarrollar una mentalidad más positiva, compasiva y abierta. Tanto si deciden cambiar como si no, habrá momentos en los que entrarás en conflicto con ellos. Aprender a gestionar los conflictos con personalidades desafiantes es crucial para salvaguardar tanto tus emociones como tu cordura. Dado que las formas habituales de gestionar los conflictos no funcionan con las personas difíciles, es posible que tengas que ser creativo cuando intentes mantener la calma. Al fin y al cabo, una de las características fundamentales de su personalidad es hacer aflorar fuertes emociones negativas. Entender cada tipo le ayudará a evitar que esto ocurra.

Gracias por comprar y leer/escuchar nuestro libro. Si este libro te ha resultado útil, tómate unos minutos y deja una reseña en Amazon.com o Audible.com (si has comprado la versión de audio).

# Referencias

McPherson, M. (2021, June 16). The 52 Types of Difficult People - a simple list. Linkedin.Com; LinkedIn. https://www.linkedin.com/pulse/52-types-difficult-people-simple-list-mark-mcpherson

Apodaca, M. (2013, June 19). How to Deal with Difficult People: 10 Expert Techniques. Lifehack. https://www.lifehack.org/articles/communication/how-deal-with-difficult-people.html

6 common traits of narcissists and gaslighters. (n.d.). Psychology Today https://www.psychologytoday.com/us/blog/communication-success/201707/6-common-traits-narcissists-and-gaslighters

30 characteristics of manipulators. (n.d.). Psychology and Wellness Centre. https://psychologiemieuxetre.ca/en/couple-s-space/58-30-characteristics-of-manipulators

Champion, L. (2020, August 26). 15 traits of toxic people to watch out for. PureWow. https://www.purewow.com/wellness/traits-of-toxic-people

Davenport, B. (2021, November 1). 13 not-so-subtle characteristics of A manipulative person. Live Bold and Bloom; Barrie Davenport. https://liveboldandbloom.com/11/emotional-abuse/manipulative-person-2

Dealing with difficult people. (2016, August 12). Cleverism. https://www.cleverism.com/skills-and-tools/dealing-with-difficult-people/

Drake, K. (2021, November 15). Toxic people and how to deal with them I. Psych Central. https://psychcentral.com/blog/whats-a-toxic-person-how-do-you-deal-with-one

Energy vampire: Definition, signs, & traits. (n.d.). The Berkeley Well-Being Institute. https://www.berkeleywellbeing.com/energy-vampire.html

Gabbey, A. E., & Raypole, C. (2022, March 3). Aggressive behavior: Signs, causes, and treatment. Healthline. https://www.healthline.com/health/aggressive-behavior

Geralyn Dexter, L. (2022, February 24). How to spot manipulative behavior. Verywell Health. https://www.verywellhealth.com/manipulative-behavior-5214329

Gordon, S. (2017, August 1). What Is Gaslighting? Verywell Mind. https://www.verywellmind.com/is-someone-gaslighting-you-4147470

Hancock, J. (2022, March 16). The 10 most difficult people (and the 5 best ways to deal with them!). Mind Tools Blog; Mind Tools. https://www.mindtools.com/blog/the-10-most-difficult-people-and-the-5-best-ways-to-deal-with-them/

Holland, K. (2018, February 13). Energy vampires: 10 signs to watch for and how to deal with them. Healthline. https://www.healthline.com/health/mental-health/energy-vampires

I'm a professor of human behavior, and I have some news for you about the "narcissists" in your life. (2018, November 14). Business Insider. https://www.businessinsider.com/narcissism-vs-narcissist-2018-11

Kristenson, S. (2021, October 26). 13 steps to get along with difficult people. Happier Human; Steve Scott. https://www.happierhuman.com/difficult-people/

Marie Hartwell-Walker, E. D. (2016, May 17). Narcissistic personality disorder vs. Normal narcissism. Psych Central. https://psychcentral.com/lib/narcissistic-personality-disorder-vs-normal-narcissism

www.ingramcontent.com/pod-product-compliance
Lightning Source LLC
LaVergne TN
LVHW012022060526
838201LV00061B/4418